Gamaliel Prince es Administrador de Negocios Internacionales con una necesidad nata de emprender, quien ha incursionado en negocios como laboratorio de análisis químico, turismo, importaciones, intraday, entre otros.

Además, ha publicado libros como *"El éxito te pertenece: Aprende cómo conseguir todo lo que quieres"*, *"Aprende cómo vencer tus miedos de forma eficaz"* y *"Descubre los secretos de la gente millonaria"*.

Desde los inicios de su alma emprendedora, ha buscado la manera de entender la forma en la que piensan y actúan las personas exitosas, encontrando en este comportamiento una filosofía de vida.

INDICE

INTRODUCCIÓN — 7

1. APRENDIENDO A CONOCERNOS — 8
   1.1 ¿Cuáles son tus fortalezas? — 9
   1.2 ¿Cuáles son tus debilidades? — 10
   1.3 ¿Qué hábitos posees? ¿Cómo identificar nuestros hábitos? — 12
   1. 4 ¿Eres feliz con todo lo que haces? — 14
   1.5 ¿Te justificas constantemente? — 17
   1.6 ¿Piensas mucho en los cambios y nunca los haces? — 19
   1.7 ¿Sueles hacer cosas nuevas, conocer nuevos entornos o nuevas personas? — 20
   1.8 ¿Cuáles son tus miedos? — 22

2. LA PROCRASTINACIÓN Y SU IMPACTO EN LA VIDA — 25
   2.1 ¿Qué es la procrastinación? — 25
   2.2 Tipos de procrastinación — 28

3. EL VÍNCULO ENTRE EL ÉXITO Y LA PLANIFICACIÓN — 33
   3.1 ¿Qué es el éxito? — 33
   3.2 ¿Qué es planificar? — 37
   3.3 Cómo Podemos Planificar — 42

4. CONSTRUYENDO UNA MENTALIDAD GANADORA — 46
   4.1 El poder de la mente — 46
   4.2 La motivación — 48
   4.3 La paciencia — 50
   4.4 El compromiso — 52
   4.5 Mente positiva — 53
   4.6 Cambia tu presente para mejorar tu futuro — 55
   4.7 Equivocarse no es fracaso, es aprendizaje — 57
   4.8 Las pequeñas mejoras van fortaleciéndote — 60

5. LA INTELIGENCIA EMOCIONAL — 64
   5.1 Entonces, ¿qué es la inteligencia emocional? — 65
   5.2 Categorías de inteligencia emocional — 66
   5.3 ¿Cómo nos afecta la falta de inteligencia emocional? — 68
   5.4 Beneficios de la inteligencia emocional — 74

5.5 Pasos para desarrollar la inteligencia emocional 76

6. CONOCIENDO LOS HÁBITOS   **83**
6.1 ¿Qué son los hábitos y sus características? 83
6.2 ¿Cuáles son los tipos de hábitos más comunes? 86
6.3 ¿Cómo se pueden diferenciar los hábitos positivos de los negativos? 87
6.4 El impacto de los hábitos en nuestra vida 91
6.5 Los hábitos heredados VS. los hábitos creados por nosotros. 92

7. FALSAS CREENCIAS   **94**

8. CONSTRUYENDO HÁBITOS POSITIVOS   **100**
8.1 Ventajas de cultivar hábitos positivos 100
8.2 Pasos para construir hábitos positivos 101
8.3 Cómo conseguir la disciplina 104

9. ELIMINANDO HÁBITOS NEGATIVOS   **107**
9.1 Desventajas de tener hábitos negativos 107
9.2 ¿Cuándo un hábito negativo se vuelve una adicción? 108
9.3 Pasos para destruir hábitos negativos 111
9.4 Factores comunes que te dificultan romper un hábito 115

10. CONSEJOS ADICIONALES   **118**
10.1 Nunca dejes de aprender 118
10.2 Disfruta la vida 119
10.3 Ten un momento solo para ti 120
10.4 Siempre haz una autoevaluación 122
10.5 Siempre sé positivo en todo lo que haces 123
10.6 Hábitos positivos y sencillos con los que puedes comenzar 127
10.7 El éxito es tuyo si nunca te rindes 129

INTRODUCCIÓN

Todo el mundo quiere tener más éxito en su vida, pero conocer realmente los pasos necesarios para lograr ese éxito puede ser desconcertante. Incluso cuando entiendes lo que se requiere, puede ser extremadamente desafiante tomar medidas al menos que sepas a dónde vas.

La mayoría de la gente tropieza ciegamente, sin entender por qué siguen fracasando en sus esfuerzos. *Pero este libro va a cambiar todo eso para ti.*

De hecho, esta guía te dará las herramientas que necesitas para **finalmente lograr el éxito personal** que siempre has querido, y que te mereces.

Si piensas que no estás donde debes estar en tu vida, créeme que no estás solo. De hecho, según numerosas encuestas, dos tercios de la población mundial es infeliz con su vida. La mayoría de las personas no han logrado sus objetivos de vida y no están en el camino que les gustaría.

Afortunadamente, no tienes que ser parte de ese grupo de personas que siguen fallando para alcanzar sus objetivos. La solución es sorprendentemente simple. Si sigues los consejos prácticos que aprenderás en este libro, serás capaz de lograr los resultados que has estado esperando sencillamente aprendiendo a *deshacerte de los hábitos negativos* que te impiden tener éxito, para luego *reemplazarlos con buenos hábitos*.

1. APRENDIENDO A CONOCERNOS

A veces cometemos el error de pensar que lo sabemos todo. Que tenemos todas las respuestas. Analizamos a nuestros amigos, colegas, familiares y otras personas en general.
Analizamos sus comportamientos, formas de vivir y actuar. Y en la gran mayoría de las veces, nos sentimos con la autoridad de determinar si estos comportamientos son correctos o no.

Pero ¿Qué pasa con nosotros mismos? ¿Realmente nos tomamos el tiempo para analizarnos a fondo?
Sí, claro, podemos conocernos por encima de la superficie, lo que nos gusta y lo que no, nuestra comida favorita, estilo de vestir, hobbies, lugares favoritos, etc. Pero, *¿qué pasa con nuestras emociones o con nuestros pensamientos?, ¿cuáles son las razones que nos motivan a actuar?*

Normalmente no somos capaces de predecir nuestras reacciones en una situación dada, puede depender según nuestro estado de ánimo, podemos llegar a ser realmente impredecibles. Actuamos por estímulos externos sin analizar lo que hay en nuestro interior. **Sin conocernos realmente.**

En ocasiones nos sentimos desubicados o sin rumbo fijo. Esto es porque ni siquiera sabemos en dónde nos encontramos, por esta razón difícilmente llegaremos a un destino. Desconocemos por completo nuestros sentimientos y pensamientos más profundos y esto solo trae como resultado una vida vacía y sin sentido.

Podría decirse que aprender a conocerse a sí mismo es todo un viaje. Se trata de descubrir quién eres como ser humano. Sí, el verdadero tú. No es un viaje corto lleno de bellos paisajes. Más bien es un viaje impredecible, que te pone cara a cara tus más profundos miedos, dudas, vulnerabilidades e inseguridades.

Es aquí donde te preguntas si la vida que estás viviendo realmente es lo que deseas para ti, y si esta vida está alineada con tu verdadero propósito. ¿O acaso no crees que estás aquí para cumplir un fin específico?

No te preocupes, no tienes que conocer aún ese propósito. Pero si te das el tiempo de hacer una introspección sobre ti mismo, es muy probable que logres identificarlo, porque estarás más en contacto con tus anhelos más profundos, y una vez que logres aceptar lo que eres realmente, perderás el miedo y las inseguridades que no te permiten alcanzar esos deseos. Y es ahí cuando encuentras la auténtica felicidad.

Deja de buscar afuera, las respuestas que están en tu interior. Reconoce que este es un trabajo que solo puedes hacer tú mismo, nadie más. Es de inteligentes conocer a otros, pero es de sabios conocerse a sí mismo. Dominar a otros puede darte fuerza, pero dominar tu interior, te dará el verdadero poder. ¿Estás listo?

1.1 ¿Cuáles son tus fortalezas?

Si te pidiera que pensaras en una de tus personas favoritas o alguien que admiras profundamente y que escribieras una lista de todas las fortalezas que creas que esa persona posee, seguramente la lista sería muy larga, ¿cierto?

Y si te pidiera que hicieras lo mismo, pero en este caso anotaras sus debilidades, probablemente tendrías problemas para identificarlas.

Ahora bien, si aplicamos el mismo ejercicio, pero esta vez lo hicieras de manera personal, ¿Cuáles crees que serían los

resultados? Seguramente todo lo contrario. Tus debilidades llenarían la hoja, mientras que tus fortalezas serían mínimas.
Nuestras fortalezas son definidas como las capacidades construidas en ciertas formas de pensar, sentir y comportarnos. Todos poseemos distintos tipos de fortalezas o habilidades como la creatividad, persistencia, liderazgo, prudencia, sentido del humor, valentía, entre otros.

Cada persona puede tener mayor habilidad para ciertas áreas y debilidad en otras, y eso es completamente normal, es lo que nos hace únicos. Sin embargo, identificar estas fortalezas, es crucial para desarrollar mayor confianza en sí mismo, elevar nuestra motivación y vitalidad, y por supuesto, aumentar las probabilidades de alcanzar metas y objetivos.

Uno de los errores más comunes que cometemos y que nos aleja del éxito, es poner todo nuestro enfoque en mejorar las áreas de nuestra vida en la que somos más débiles.

Desde pequeños así nos enseñaron. Si nos iba mal en matemáticas, nuestros padres buscaban un tutor privado para mejorar nuestras notas. No intento insinuar que los padres actuaron mal y que debieron haberte dejado reprobar la materia; sin embargo, si eras bueno para física, ¿hiciste algo o alguien te ayudó a reforzar esa habilidad?

Probablemente no. Probablemente lo pasaron por alto. Es aquí donde tienes que cambiar tu perspectiva y aplicar el Principio de Pareto. Tienes que usar el 80% de tu tiempo intentando reforzar tus habilidades más fuertes y el 20% en mejorar tus debilidades.

De esta manera lograrás avanzar de forma acelerada en el alcance de tus objetivos y te sentirás más pleno y realizado.

1.2 ¿Cuáles son tus debilidades?

Algunas personas tienden a enfocarse demasiado en sus debilidades, lo que significa que están destinadas a fracasar más que otros. Si crees que perteneces a esa categoría, entonces es hora de cambiar este patrón para empezar a disfrutar de la vida más plenamente. Para conseguir nuestras metas y desarrollar hábitos positivos, es crucial sobrepasar nuestras propias debilidades. Para empezar, tienes que comprenderte a ti mismo.

Toma un bolígrafo y un papel y hazte una breve evaluación. Escribe las cosas que crees que te mantienen rezagado y que no te impiden alcanzar tu máximo potencial. A continuación, intenta escribir las razones por las que tienes esa debilidad. Por ejemplo, si anotaste "impaciente" en tu lista, pon algunos detalles más específicos como "no estoy dispuesto a ahorrar algunos meses para comprar un nuevo automóvil" o si anotaste "perezoso" en tu lista de debilidades, puedes correlacionarlo diciendo "no me gusta despertarme hasta después de las 10 de la mañana".

Conocer los detalles de tus debilidades puede ayudarte a ser más adepto a traspasar los obstáculos. Es vital que sepas y entiendas cómo puedes usar tus fortalezas como base, así como convertir tus debilidades en fortalezas gradualmente. Puedes intentar cambiar de una a tres debilidades a la vez.
Sin embargo, necesitas darte un tiempo para mejorar tus debilidades y ver resultados, no esperes que estas desaparezcan de la noche a la mañana. Han estado demasiado tiempo contigo, probablemente una vida entera, así que el proceso requerirá constancia y compromiso de tu parte.

Sé específico en tu plan de acción, creando pasos hacia tu objetivo. Por ejemplo, si estás desmotivado por falta de concentración, puedes empezar a mejorar en esa área haciendo actividades como leer más libros sobre el tema durante al menos 20 minutos al día o escuchar una charla de motivación durante 5 minutos por la mañana. Regularmente puedes ir aumentando el tiempo y agregando más desafíos. De esta manera estarás creando un hábito nuevo y positivo en tu rutina diaria.

Una forma de adaptar tus nuevos hábitos y mejorar tus debilidades es aprender de personas que ya hayan obtenido el éxito. Los ganadores y líderes tienen grandes rasgos que puedes seguir, como la perseverancia, el pensamiento crítico, la estabilidad bajo presión, la competencia y la aspiración de no rendirse nunca. Adopta estas cualidades como propias y usa a estas personas como tus modelos a seguir.

Lee acerca de personas que han tenido éxito en tus campos de interés. Una de las razones por las que pudieras fracasar constantemente es porque estás eligiendo los peores aspectos de tu personalidad. Intenta preguntarte las cosas que realmente te importan o de las que te gusta aprender sin que nadie tenga que decírtelo, esas cosas que te nacen con naturalidad. Es aquí donde probablemente tengas más talento.

1.3 ¿Qué hábitos posees? ¿Cómo identificar nuestros hábitos?

La gente que vive hoy en día es extremadamente afortunada. Hace 50 años, Internet ni siquiera existía, y la televisión por cable era algo que solo se leía en las revistas de ciencia ficción. Ahora, gracias a Internet, puedes encontrar información sobre prácticamente todo lo que quieras, al instante. Algo que era solo un sueño hace 10 años.
Sin embargo, con toda esta información a nuestra disposición, la gente sigue sin tener éxito en la vida. ¿Por qué es esto? Después de todo, hay tanta información de autoayuda

disponible que nos dice cómo tener éxito, pero la mayoría de la gente todavía no logra conseguirlo. ¿Y por qué la gente sigue sufriendo de depresión, cuando hay tantos libros que les dicen cómo vivir una gran vida?

El hecho es que la información no es el problema. Y no importa cuánto avance la tecnología, la gente siempre tendrá los mismos problemas.

¿Cuáles son las razones por las que la gente no logra el éxito?

Si le preguntas a alguien por qué nunca tuvo éxito en lo que intentaba hacer, lo más probable es que te diga que fue culpa de alguien más, o que pasó algo que estaba fuera de su control. Sin embargo, si comparas la vida de esa persona con la de otra, probablemente puedas encontrar muchos ejemplos de personas que sufrieron condiciones mucho peores pero que aun así tuvieron éxito.

Esto nos muestra que la verdadera razón por la que la gente fracasa no es por algo externo a ellos, sino que la razón está dentro.

Cuando continúas haciendo lo mismo una y otra vez se produce un hábito. Probablemente estés familiarizado con malos hábitos como el de fumar, pero ¿estás familiarizado con los hábitos de fracaso o los hábitos de éxito?

Dado que el éxito o el fracaso se logran a través de las acciones que se llevan a cabo, los hábitos juegan por lo tanto un papel fundamental para determinar nuestro futuro. Por ejemplo, si lees todos los días, eso es un hábito. Este hábito es probable que amplíe tu conocimiento de un tema determinado, y mejore enormemente las posibilidades de que lo domines y tengas éxito en él.
Sin embargo, digamos que, en lugar de leer todos los días,

prefieres sentarte y ver la televisión por unas horas. ¿Crees que esto te ayudará a dominar alguna habilidad? ¿O te convertirás en un experto en tu campo? Lo más probable es que la respuesta sea no.

Así que si miras el éxito o el fracaso en términos de las acciones que repites a diario, entonces es bastante simple entender por qué algunas personas tienen éxito y otras se quejan del fracaso. La gente que tiene éxito continuamente hace cosas a diario que aumentarán sus posibilidades de éxito, mientras que la gente sin éxito no lo hace.

Esto no significa que las personas exitosas nunca fallen, lo hacen. Pero lo que no hacen es rendirse, porque han desarrollado hábitos de éxito.

¡Cambia tus hábitos!

El mensaje que debes sacar de este capítulo es que para experimentar un cambio en tu vida debes primero identificar tus hábitos. Piensa en lo que haces a diario, y pregúntate si esas cosas te ayudan a lograr lo que quieres en la vida.
Si la respuesta es no, entonces debes cambiar esos hábitos, porque haciendo lo mismo una y otra vez solo conseguirás los mismos resultados una y otra vez.

1. 4 ¿Eres feliz con todo lo que haces?

Eres un diamante. Siempre he dicho que cada persona es un diamante escondido en la tierra. El comienzo del viaje hacia el éxito es desenterrar el diamante y limpiar el polvo, en otras palabras, deshacerse de las emociones negativas, la imagen negativa de sí mismo, y las creencias centrales negativas.
La felicidad. Lo que todo el mundo se esfuerza por conseguir y a menudo se les escapa. El objetivo final de todo lo que

hacemos. Un nuevo coche, una novia sexy, un marido guapo, dinero, el último deporte extremo, la última moda... ¿Son metas en sí mismas? Probablemente no. **¿Qué buscamos en esas cosas o personas? La felicidad.**

¿Cómo disfrutamos cada momento?
¿Cómo aumentamos nuestro placer?
¿Cómo nos sentimos realmente vivos?

Contesta con sinceridad, ¿te consideras una persona feliz? ¿buscas formas de tener una vida más feliz?

A menudo, sentimos que la felicidad podría ser nuestra si tan solo las situaciones fueran diferentes. ¿Alguna vez te has sentido así?

Nos quedamos atrapados en lo que yo llamo los "si tan solo". Si tan solo mi marido fuera más amable conmigo. Si tan solo tuviera un mejor trabajo. Si los niños crecieran y se fueran de la casa. La lista puede seguir y seguir.

Podemos perder mucho de nuestro precioso tiempo soñando con los "si solo". Mucha gente cae en esta trampa y termina siendo miserable la mayor parte de su vida.

El problema es que buscan que la felicidad les llegue de alguna manera. Como si fuera algo que pudiera ser poseído. Cuando la felicidad llega, parece tan fugaz que se desvanece rápidamente.

La gente piensa erróneamente que la felicidad es solo un sentimiento como una fantasía pasajera. Estoy aquí para decirte que la felicidad no es un sentimiento, puede ser una forma de vida. La felicidad puede ser tuya a diario, pero primero, debes vivir en el AHORA. El ayer se ha ido y el mañana no se nos promete, así que debes estar presente en el ahora.

Muchas personas son infelices porque no creen que merecen ser felices y se encierran en patrones de comportamiento que los hacen infelices. Hay que desechar esos pensamientos y tendencias infelices.

Mira en tu interior y descubre qué (y cuándo) piensas sobre las cosas que te hacen infeliz. ¿Hay algún momento específico del día en el que tiendes a ser más infeliz? ¿Hay alguna tarea o rutina específica que parece alimentar tu infelicidad? ¿Hay algo que haces o piensas que contribuye a tu propia infelicidad?

Una vez que identifiques las áreas de tu vida que te causan infelicidad, puedes encontrar maneras de enfrentarlas y combatirlas. A veces con hacer un pequeño cambio será suficiente, pero cuando eso no es posible encuentra maneras de hacer las situaciones menos difíciles para ti.

Ajusta tu horario o tus expectativas si eso hará que las cosas mejoren. Pide ayuda cuando puedas. El simple hecho de facilitar una tarea o de liberar algunas horas puede marcar una gran diferencia en tu actitud.

Algunas personas han sido infelices durante tanto tiempo que han olvidado cómo es y cómo se siente la felicidad. Verse feliz puede ayudar a crear el hábito de la felicidad. Pensar en tu propia felicidad también ayudará a contrarrestar los momentos en los que eres infeliz o en los que tienes que realizar tareas desagradables. Empieza a ver los momentos difíciles como un simple paso hacia los momentos felices.

Piénsalo bien, ¿Qué es lo que quieres? ¿Qué es lo que deseas? ¿Qué es lo que sueñas? Permítete soñar en grande, pero no pases por alto los pequeños deseos. Mientras que un crucero de dos semanas puede ser genial, un fin de semana en un centro turístico local puede dar el descanso, la relajación y la escapada que necesitas. O tal vez te gustaría perder 10 o 20 kilos, pero encontrar algún ejercicio ligero algunas veces a la semana podría darte una gratificación más inmediata mientras eventualmente logras tu objetivo a largo plazo.

Haz una lista de tus deseos, anhelos y sueños, grandes y pequeños, y ten esa lista a la mano. ¿Qué puedes hacer esta semana para lograr un pequeño objetivo? ¿Qué puedes hacer este mes para dar un paso hacia un gran objetivo? A veces ni siquiera necesitas cumplir tus metas para lograr la felicidad. A veces es suficiente saber que estás trabajando para alcanzar tus sueños. A menudo la felicidad se encuentra en el camino hacia nuestros sueños. A menudo la felicidad se crea mientras nos esforzamos por hacer realidad nuestros deseos.

1.5 ¿Te justificas constantemente?

¿Consideras que eres una persona que se responsabiliza de todos sus sentimientos y comportamientos? ¿Cómo sería tu vida si dejaras de culpar a los demás por lo que sientes y lo que te pasa? ¿Cómo sería tu vida si decidieras que tu vida es tuya y pudieras crearla conscientemente de la manera que quisieras?

Una de las creencias generalizadas en nuestra sociedad es la noción de que somos víctimas. Las víctimas se sienten indefensas, desesperadas e impotentes. Lo que decimos es "pobre de mí". Llegamos a creer que somos incapaces de determinar lo que es mejor para nosotros y buscamos a otros para que nos digan lo que es correcto para nosotros. Esta noción de impotencia nos permite jugar el juego de la autocompasión y entonces somos capaces de abdicar de la responsabilidad de vivir nuestras vidas de una manera que nos satisfaga. Podemos culpar a otros y usar continuamente excusas para no hacernos cargo de nuestro propio destino.

¿Qué es lo que quieres? ¿Seguir justificándote o empezar a crear la realidad que mereces? Las víctimas se definen como personas a las que se les hacen cosas, los creadores son personas que hacen que las cosas sucedan. Las víctimas creen que la vida les sucede. Los creadores creen que son responsables de crear sus vidas.

Si quieres dejar de ser una víctima de las circunstancias y empezar a tomar el mando de tu vida:

1. **Deja de culpar a los demás por lo que sientes**. Te guste o no, siempre es tu elección cómo interpretas los eventos de tu vida.
2. **Usa afirmaciones** como "Yo merezco lo mejor que la vida tiene para ofrecer."
3. **Crea 5 afirmaciones positivas de 5 de tus patrones de pensamiento negativos.** Destina tiempo cada día (preferiblemente por la mañana) para repetir estas afirmaciones 20 veces. Asegúrate de que estos pensamientos no sean reemplazados por patrones de pensamientos negativos durante el resto del día.
4. **Visualiza lo que quieres.** Los pasos para una visualización exitosa son: a) percibirte a ti mismo logrando exitosamente lo que quieres, b) creer que puedes lograr tus sueños, c) abrirte a todas las bendiciones que la vida ofrece y d) celebrar tus éxitos.
5. **Práctica una actitud de gratitud.** Agradece todas las bendiciones que recibes a lo largo del día.
6. **Empieza un diario de gratitud.** Antes de ir a dormir cada noche, escribe en tu diario o en tu cuaderno 5 cosas por las que estás agradecido cada día.
7. **Comienza un diario de alegría**. Anota las cosas que te

hacen sentir feliz. Cuando tengas un mal día, vuelve a tu alegría. Así podrás volver a centrarte en los momentos maravillosos de tu vida.
8. **Controla conscientemente tus pensamientos**, cambiándolos de miedo a alegría.
9. Párate frente a un espejo y **repite en voz alta: "Yo soy digno"**.
10. **Cree en ti mismo** y en el potencial que tienes para lograr cualquier cosa que te propongas.

1.6 ¿Piensas mucho en los cambios y nunca los haces?

Esta semana mientras estaba al teléfono con soporte técnico de mi servicio de cable, pensé en cosas que podría haber hecho mientras estaba allí esperando por horas, no viviendo mi vida. Y tú, ¿estás a la espera de tu vida?
¿Estás esperando a que llegue tu pareja ideal, o a que él/ella actúe mejor contigo? ¿Estás esperando la motivación para organizar tu casa? ¿Estás esperando que un gran trabajo caiga en tu regazo? ¿Estás esperando ganar la lotería para planificar tu jubilación?

¡Deja de esperar por tu vida! La única diferencia entre tú y la gente que consigue lo que quiere, es que ellos siguen moviéndose y tú no.

Si encuentras que has estado atascado en un objetivo por un tiempo, intenta replantearlo en términos de quién eres en vez de en términos de qué quieres. Por ejemplo, en lugar de decir que quieres perder 10 kilos, di que eres una persona que se cuida a sí misma manteniendo su peso dentro de un rango saludable para su estatura y edad. Sé lo más específico posible. Concéntrate en lo que quieres ser. Luego pregúntate qué acciones encajarían con ese deseo.

¿Sabías que el 80% de tus problemas provienen del 20% de tu vida?

¡Es verdad! Determina cuál es ese 20% que está afectando tanto a tu vida, y no te permite tomar acción.

Poco a poco sentirte mejor contigo mismo será natural cuando dejes de esperar y empieces a crear la vida que realmente quieres vivir. El estrés y la frustración se reducirán si empiezas a tomar decisiones y dejarás de sentirte presionado. Experimentarás una mayor aceptación, y la mejora de ti mismo será cada vez más fácil.

Así que deja de esperar, ¡comienza hoy!

1.7 ¿Sueles hacer cosas nuevas, conocer nuevos entornos o nuevas personas?

Quiero preguntarte algo, ¿Qué tan seguido te atreves a hacer cosas nuevas, conocer nuevos entornos o nuevas personas? Seguramente muchas cosas sorprendentes e interesantes en este mundo te llaman la atención. Pero ¿realmente les dedicas el tiempo suficiente en tu vida?

Uno nunca sabe a donde podrían conducirte estas nuevas experiencias. ¿No te causa curiosidad?

Si has pasado un año lleno de aburrimiento, de rutina, de dolor, de anhelo, y deseas que la vida sea diferente, entonces considera si ya es hora de un cambio en tu vida.

Si no estás dispuesto a repetir nuevamente un año más, empieza por preguntarte:

¿El último año te ha proporcionado satisfacción, felicidad, éxito y nuevas amistades?

Si la respuesta es sí a la última declaración, ¡felicidades! Algunos años son así, años absolutamente fabulosos que no cambiarías por nada del mundo.

Pero si respondiste con un no, entonces:
¿Cómo vas a cambiar las cosas? ¿Tienes estrategias que te aseguren el éxito en tus esfuerzos?
Tal vez todo lo que quieres es seguir con la corriente, y eso está bien si en el fondo eso es lo que realmente quieres. Pero, ¿qué pasaría si aceptaras el reto de cambiar tu vida, no por otros, solo por ti?

Ha habido muchas veces en las que me he atrevido a hacer cosas que normalmente no haría y nunca he mirado atrás. Son esas ocasiones en que aprendes a sentirte cómodo con lo incómodo, y esto es lo que te permite desarrollarte y crecer como ser humano.

Cualquiera puede atreverse a alcanzar la grandeza. Nunca se sabe a dónde puede llevarte ese desafío.

He enumerado 7 pasos para cambiar tus próximos 12 meses de la manera más sorprendente.

1. Atrévete a ser diferente.
2. Atrévete a descubrir quién eres realmente.
3. Atrévete a dejar atrás el pasado.
4. Atrévete a salir de tu zona de confort.
5. Atrévete a hacer más preguntas sobre cómo funcionan los negocios.
6. Para aquellos que están en búsqueda del amor, salgan solo con aquellos que respeten todas las partes de lo que son y no acepten nada menos.
7. Atrévete a lograr más.

El camino hacia la satisfacción, la felicidad y el éxito es a menudo un desafío, pero vale la pena ya que te recuerda saber que estás vivo. El resultado es que logras lo que te propones y puedes decirle al mundo que lo hiciste a tu manera.

1.8 ¿Cuáles son tus miedos?

¿Qué tan consciente eres de tus miedos? ¿El miedo te molesta más de lo que crees que debería? Existen muchos tipos de miedo. Sin embargo, la mayoría de los miedos que la gente tiene son solo ilusiones. Son ideas alteradas o tergiversadas por la mente, basadas en la forma en que la gente se mira a sí misma y la forma en que ve el medio ambiente.

Dado que son ilusiones, la mayoría de la gente no puede identificarlas completamente. Solo saben que temen algo, pero no pueden determinar la verdadera fuente.

Por ejemplo, para una persona que tiene miedo a la oscuridad, la pregunta es por qué tiene miedo a la oscuridad. ¿Qué es lo que teme en la oscuridad? Para resolver este problema, debe identificar su miedo. ¿Tiene que ver con algo que le sucedió antes? ¿O es solo por las historias que ha visto o escuchado?

Comienza a identificar tus miedos, pon en detalle y reconoce las áreas de las que proviene la emoción. De esta manera, tendrás una mejor manera de lidiar con las situaciones.

El miedo es el mayor enemigo del pensamiento positivo. Cuando el miedo tiene lugar, hay una tendencia a dejar de creer en lo que es real. Por lo tanto, la gente crea ilusiones o distorsiones de la realidad.

Por ejemplo, si una persona tiene miedo de no alcanzar el éxito solo por temor a los prejuicios de los demás, seguramente nunca lo logrará. Pero con confianza y determinación, no habrá más espacio para el miedo y el pensamiento positivo prevalecerá.

El problema de la mayoría de las personas es que tienden a relacionar las cosas negativas con situaciones positivas. Distorsionan la realidad y crean un nuevo mundo lleno de miedos y escepticismos.

Ten en cuenta que la vida es un campo de guerra y que cada personaje tiene que luchar y ganar la batalla con valentía. Con todas estas cosas, la confianza y el pensamiento positivo serán tus mejores armas para vencer los miedos.

No lo ignores. Por mucho que se intente eliminar el miedo en sí, ignorarlo no es la mejor solución. Ignorar las cosas solo las empeorará. Si algo tiene que ser resuelto, debes tratar de resolverlo y superar el miedo que te molesta.

La clave para luchar contra el miedo es evaluarlo y entender lo irrazonable y ridículo que puede ser. Por lo tanto, es importante que identifiques las razones por las que no puedes ser afectado por tus miedos.

Suelta. A veces, la gente tiende a aferrarse a las cosas que teme. Es curioso, ¿no? Pero la gente hace esto la mayoría de las veces. Incluso si se sienten incómodos con la situación o les molesta a menudo, se aferran a los detalles.

Los expertos dicen que, si realmente quieres combatir el miedo, tienes que dejar ir los sentimientos que te atormentan. Por ejemplo, si le temes a la oscuridad, puedes tratar de superarla permaneciendo en la oscuridad. Estando ahí probablemente descubrirás que no hay nada que temer. Una vez aclarado, deja ir los sentimientos.

La gente puede reaccionar de forma exagerada, la mayoría de las veces. El problema es que el miedo a veces puede parecer grande y desconcertante, pero en realidad no lo es. La verdad es que solo aparece como un parpadeo en la oscuridad.

Así que, si pones las cosas en perspectiva, podrás ver desde el otro lado del miedo, desde un punto de vista más claro. Por lo tanto, analizar lo que más te inquieta será mucho más fácil de tratar. Todo está en la mente. No dejes que el miedo se apodere de tu mente. Puedes hacer las cosas mejor que eso y sin miedo, definitivamente tendrás éxito.

2. LA PROCRASTINACIÓN Y SU IMPACTO EN LA VIDA

2.1 ¿Qué es la procrastinación?

Todos somos propensos a perder el tiempo, ya sea intencionalmente o no, pero cuando se trata de construir metas exitosas, a menudo existe una especie de enemigo sutil que tenemos que conquistar: **nuestros propios miedos.**
Cuando se trata de la duda, todo parece mucho más difícil de lo que es. Encontramos un millón de razones para no hacer algo porque internamente nos saboteamos constantemente creyendo que probablemente fracasaremos, así que, ¿por qué molestarse?

La postergación es un asesino del éxito. También es un asesino de los sueños porque si permites que los pensamientos negativos y la actitud defensiva marquen el camino, nunca tendrás suficiente fe en tus habilidades para ver las cosas con claridad. No solo te llevará más tiempo salir adelante, sino que es probable que nunca llegues al destino deseado. La postergación también se conoce como el aliado más cercano a la falta de éxito, y por una buena razón.

Muchos de nosotros vivimos consumidos por la negatividad y la auto duda. Si este es tu caso debes saber que no estás solo. Sentir que no somos lo suficientemente buenos, o que cualquier éxito que hayamos experimentado fue de alguna manera algo que no merecíamos, este sentimiento es muy común en la mayoría de las personas.

El monstruo del "**no soy lo suficientemente bueno**" solo se amplifica cuando ves que otros a tu alrededor tienen éxito. Podrías preguntarte si sabes lo suficiente, si estás informado, capacitado o equipado para estar en una posición de autoridad.

Seguro esto te suena familiar: *tienes un plan*, supongamos que tienes que despertarte a las 7 am, ducharte, desayunar a las 8 am y estar listo en tu escritorio para las 9 am. Comer una ensalada saludable, volver a casa, hacer alguna rutina de ejercicio y terminar el día con un buen libro en la cama.

Pero seamos sinceros, *no te atendrás al plan*. Tal vez despertarás a las 9 o ¡al mediodía! Antes de que despiertes, el plan se habrá arruinado por completo. O tal vez no te tome una hora sino tres llegar a tu escritorio. Y cuando estés ahí, dejes pasar otra hora más navegando por internet o redes sociales.

O tal vez en lugar de una ensalada, tu compañero de trabajo llevó unos pastelillos a los que no pudiste resistirte, lo cual provocó que el resto del día te sintieras somnoliento y sin energía, por lo que no pudiste avanzar prácticamente nada en tu trabajo.

La **postergación** es cuando te sales del "plan" que te fijaste a ti mismo por el día. Es el típico comportamiento humano de dejar las cosas para luego. Aquí es donde entra un verdadero desafío. El desafío de vencer esos bloqueos que no nos permiten avanzar y que nos mantienen atascados durante semanas, meses, años e incluso décadas.

Si quieres mantenerte dedicado y finalmente tener la vida productiva y feliz que siempre has deseado, tienes que aprender a evitar la procrastinación y desarrollar el hábito del "ahora", que te ayudará a tomar el primer paso más rápido. Pero primero hay que reconocer los enemigos que nos impiden alcanzar nuestros objetivos.

Supongamos que planeas estar en tu PC trabajando en un proyecto a las 10 de la mañana del lunes, pero no lo estás haciendo. ¿Por qué? La respuesta puede ser uno o más de los siguientes motivos:

Los enemigos

- Despertaste tarde.
- Fuiste de fiesta anoche, y tu cerebro sigue dando vueltas.
- Te sientes demasiado agotado, el café no ha hecho efecto aún.
- Hubo un cambio de clima, está muy frío afuera y deprimente.
- Recibiste una llamada telefónica (un e-mail o un mensaje instantáneo) de un amigo, que está deprimido y necesitaba hablar.
- Te entretuviste leyendo las noticias, hasta la última palabra.
- Estás navegando por la red.
- Entraste a tu aplicación de juegos favorita.
- Se te ocurrió una gran idea para otro proyecto e iniciaste una investigación.

O, si trabajas en una oficina en casa:

- Encendiste el televisor por "un minuto" y viste que uno de tus actores favoritos estaba siendo entrevistado, así que decidiste ver la sesión entera.
- Simplemente te diste cuenta de que ¡la lavandería tenía que hacerse urgentemente!

Admítelo, estas son cosas comunes que pueden desviarte de tu curso.

Una cosa crucial que hay que señalar es que, mientras que algunos de estos obstáculos parecen "buenos" o "que valen la pena" (como ser amable con tu amigo o lavar la ropa sucia), y algunos parecen "pérdidas de tiempo" o " inútiles" (como jugar en el teléfono), todos son igualmente inaceptables desde el punto de vista de vencer tu hábito de postergar las cosas.

Necesitarás aprender a resistir el impulso de ser absorbido por las actividades que no están en tu agenda, sin importar cuán cruciales o importantes parezcan en este momento. La única excepción, naturalmente, son las emergencias o las acciones que no pueden ser pospuestas sin un daño significativo a ti mismo o a otras personas.

Sin embargo, incluso con una emergencia, después de que la has manejado, pregúntate si pudo haberse prevenido con una planificación más cuidadosa, o si alguien más podría haberlo manejado.

Si realmente quieres conseguir un objetivo específico, es realmente crucial aprender a minimizar el número de emergencias que pueden aparecer en tu vida, y **aprender a delegar tanto como sea posible.**

Cuando empiezas a ver tus objetivos desde el punto de vista de alguien que está decidido a tener éxito en el cumplimiento de su sueño, alguien que debe utilizar su tiempo de manera óptima, se presentan frecuentemente nuevas soluciones a problemas antes "irresolubles".

2.2 Tipos de procrastinación

1. *Cuando la postergación nos paraliza.*

¿Por qué es que nosotros, como seres humanos, a menudo nos

comportamos de maneras que realmente no queremos? ¿Cuán a menudo has dicho o hecho algo solo para avergonzarte al pensarlo después? La verdad es que tu comportamiento está impulsado en su mayoría por tu mente inconsciente, especialmente comportamientos que son difíciles de explicar desde un punto de vista intelectual. Postergar es saber qué hacer, tener la capacidad y el deseo de hacerlo, *pero aun así no tomar acción.*

Tu mente consciente está muy limitada en su capacidad de lidiar con la vida. Aquello sobre lo que tienes control consciente está mayormente limitado a una cosa a la vez. Es por eso que usar tu fuerza de voluntad para crear cualquier cambio real rara vez funciona a largo plazo.

Lo que necesitas hacer es cambiar ese comportamiento automático que reside en tu mente inconsciente, esa parte de ti que controla todas las funciones vitales de tu mente y tu cuerpo. Puedes tratar de superar la postergación usando la fuerza de voluntad, pero normalmente será un **cambio a corto plazo.**

Cuando la postergación nos paraliza la causa principal no son las acciones conscientes, sino las asociaciones inconscientes que son en gran medida responsables del comportamiento humano.

El sistema nervioso está diseñado para ser preservado y cuando el miedo se presenta, el sistema nervioso a través del trabajo de su subconsciente, **hará una especie de acción para protegerlo**. Lo irónico es que nos entrenamos inconscientemente para temer ciertas cosas haciendo asociaciones falsas sobre su significado.

Nada en la vida tiene ningún significado, excepto el que tú le das. Cada vez que algo te sucede, le asignas un significado por la forma en que te comunicas la experiencia a ti mismo.

Inconscientemente siempre estás tratando de establecer si algo significa **dolor o placer**. El reto es que cuando las asociaciones se refuerzan, se construyen creencias que influirán en gran medida en tu comportamiento y que a menudo son la causa de la postergación.

La postergación revela mucho acerca del inconsciente y las limitaciones e incapacidades que uno mismo se ha impuesto. La causa principal de este tipo de postergación es **el miedo,** y más específicamente el miedo a que la acción conduzca a una experiencia dolorosa.

En cierto nivel, tu mente inconsciente combina y busca en sus "archivos" para encontrar un " vínculo" que asocia la acción con una experiencia dolorosa. Esto puede variar desde algo que es ligeramente incómodo hasta algo físicamente doloroso.

Aunque conscientemente quieras hacer algo, tu inconsciente te lo impedirá al asociar el dolor a la acción. Como seres humanos automáticamente buscamos comodidad y casi automáticamente buscamos lo que sea que se sienta cómodo en el momento. Es por eso que a menudo se postergan las tareas que no se sienten bien en el momento, aunque podrían significar mucho más placer en el futuro.

2. *Cuando la postergación es causada por la sobrecarga de trabajo.*

Es curioso como cada vez más personas se unen al grupo de profesionales abrumados, cansados, estresados y agotados debido al síndrome de **"demasiado que hacer"**.

Todavía no he conocido a nadie que no se haya sentido abrumado de vez en cuando. Y esta es una de las razones por las que las personas, debido a su comportamiento frenético y a la acumulación de responsabilidades, en algún momento tienen que parar y no hacer nada. En otras palabras, postergar. Principalmente, esto ocurre en nuestra vida laboral, pero puede afectar a nuestra vida personal y familiar, y lo hace con frecuencia.

Trabajar en exceso o postergar demasiado el trabajo, trae consigo muchas consecuencias. Problemas de salud, estrés, ansiedad, irritabilidad, frustración, depresión y en algunos casos puede crear tendencia a las adicciones.

¿Por qué hacemos esto?

Centrarse en los proyectos a menudo comienza con buenas intenciones, pero podemos terminar abrumados rápida y fácilmente si no tenemos **un plan para minimizar y equilibrar nuestro trabajo.**

Terminar el proyecto para el equipo, escribir el texto para tu sitio web, diseñar el nuevo folleto de ventas o completar el plan de marketing de 90 días son tareas muy importantes, pero tener una vida equilibrada y saludable es igualmente importante.

Si este es tu caso, este patrón estresante te está diciendo que cambies tu vida.

A continuación, se presentan estrategias útiles para disminuir la sensación de estar abrumado y así puedas reenfocarte y tomar algunas **decisiones equilibradas entre el trabajo y la vida.**

- Deja de hacer lo que estás haciendo por unos minutos y tómate un descanso. Sal a dar un paseo corto, siéntate afuera bajo un árbol, medita, respira profundamente, ve al cine, llama a un amigo para tomar un café y comparte lo que está pasando.
- Toma una hoja de papel y haz dos columnas. En una columna, enumera las cosas urgentes que necesitas hacer esta semana. En la otra columna, enumera los proyectos que puedes delegar.

- Eliminar, eliminar, eliminar. Elimina los correos electrónicos innecesarios, organiza tu escritorio y tu oficina para reducir el desorden.

Decide qué es lo más importante en tu vida. Si quieres una vida equilibrada y evitar la postergación del cumplimiento de tus metas, tendrás que hacer cambios en tu vida para permitir que esto suceda.

3. EL VÍNCULO ENTRE EL ÉXITO Y LA PLANIFICACIÓN

3.1 ¿Qué es el éxito?

El éxito ha llegado a significar muchas cosas para las personas en la cambiante sociedad de hoy, pero hay ciertos aspectos que fundamentalmente siguen siendo los mismos. El éxito, ya sea financiero, emocional, físico o espiritual, **implica logros y una sensación de realización** y los sentimientos positivos y felices asociados con la creación.

El éxito que se basa en el bienestar emocional y mental, permite a una persona sentirse en control de sus propias elecciones y actitudes en el día a día, lo que puede tanto ayudarles a **alcanzar su máximo potencial**, así como traerles **felicidad y alegría**.

Uno de los primeros pasos para tener éxito es **establecer metas para uno mismo.** Al hacer esto, una de las cosas más importantes es permitirse realmente soñar en grande y llegar a ideas y sentimientos que te traigan alegría y felicidad, para que finalmente puedas trabajar y recibir los beneficios que realmente deseas en la vida. *Solo tú puedes limitarte a ti mismo.*

Desafortunadamente este tipo de positivismo es muy difícil de aceptar para la mayoría de la gente. Las personas generalmente se encuentran envueltas en patrones, hábitos ancestrales, miedos, supersticiones, dudas, y preocupados por encajar en el *status quo* de sus respectivas culturas, que no se atreven a soñar de verdad.

Soñar es la primera y más importante parte del éxito. Cuando te permites soñar, creas en ti mismo las primeras semillas de ese sueño que se hace realidad. Te atreves a permitirte vivir ese sueño. Ese es el regalo más poderoso que puedes darte: **creer en ti mismo.**

Einstein dijo que la imaginación es un reflejo del futuro. Toda persona que imaginó y soñó alguna vez puede ser capaz de hacer realidad ese sueño mientras crea que ya es real.

Habiendo creado ese estado de sentimiento de felicidad, abundancia, prosperidad, y satisfacción que deseas dentro de ti, ahora podrás delinear tu visión en **metas concretas.**

Escribir tus metas, leerlas, releerlas para ti mismo, repetirlas a tus amigos, colegas, familia, cónyuge, hijos y otros seres queridos, hablarlas en voz alta para ti mismo, y mantener siempre tus metas cerca de ti, las hace realidad mucho más rápido de lo que te imaginas.

Pero espera, no se trata solo de desearlo. Para lograr tus objetivos, tienes que trabajar, esforzarte y persistir. Tienes que tomar decisiones. Si hay alguien a quien admiras, estúdialo cuidadosamente. Ve qué cualidades posee que te gustaría imitar. Cree en ti mismo y prepárate para adaptarte, para cambiar tus procesos de pensamiento, y, sobre todo, a ti mismo.

Una de las cosas más importantes que puedes hacer por ti mismo es escribir tus objetivos. Solo el 3% de la población mundial escribe objetivos, de los cuales solo el 1% lo hace diariamente.

¿Por qué no estar en ese uno por ciento si eso traerá todo lo que tu deseas conseguir? Si visualizas constantemente el logro de tus metas y sueños, no solo lograrás tus metas, sino que alcanzarás plenamente el potencial que te has propuesto.

Es imposible e ilógico, por definición y realidad, lograr cualquier medida de éxito sin que se le dedique un pensamiento, una planificación o un establecimiento de objetivos. Cualquier logro que nazca del azar y la casualidad no debe ser considerado un éxito en absoluto, al igual que un triunfo trascendental en la lotería no debe ser llamado un logro.

El logro de una meta, por definición, requiere que se ponga un elemento de planificación consciente y esfuerzo posterior, porque una meta es un propósito por el que cualquier persona, entidad o empresa está trabajando conscientemente. No importa cuán vaga o clara sea la meta, definitivamente se requiere cierto grado de planificación, ejecución, seguimiento y perfeccionamiento.

Si se observan las historias de vida de los triunfadores, ya sea en su vida o en la historia, se comprenderá que la realidad de su éxito puede atribuirse a una serie de factores o principios muy comunes, universales, atemporales e inmutables.

Estos principios son universalmente aplicables a casi todas las áreas o campos de actividad, desde la industria a la universidad, desde grandes y millonarias corporaciones hasta el calor, la comodidad y la seguridad de una guardería. Los cambios y desafíos que se están desarrollando en el mundo no aumentan ni disminuyen la validez de estos principios, solo sirven para crear variaciones y desarrollos en la aplicación de los mismos, pero no en la esencia.

Ahora, *¿cuáles son estos principios exactamente?*

1. **Los más grandes triunfadores están impulsados por una gran visión**, ya sea para sus vidas o para el mundo. Ven el mundo como un perfecto campo de juego para manifestar y concretar sus ideas visionarias y a menudo

son impulsados por esta visión, sean o no conscientes de ello en determinado momento.
2. **Se fijan metas y objetivos que están en consonancia con su visión**. También tienen la disciplina de rechazar e ignorar las llamadas oportunidades, desarrollos, innovaciones y tentaciones que no están alineadas con su gran visión.
3. **Buscan los mejores métodos posibles para lograr lo que desean**, sin conformarse nunca con la mediocridad o esfuerzos inútiles. Para estos triunfadores, los términos "pereza" o "trabajo duro" son conceptos ajenos a ellos. Lo que les impulsa es su visión y las metas que deben alcanzar para cumplir con esa visión. Lo que sea necesario para lograr esos objetivos suyos, lo aceptarán, y aunque también son humanos y pueden sentir el agotamiento, no ven el trabajo necesario como algo a lo que temer, sino como algo con lo que vivir, incluso disfrutar.
4. **Los grandes triunfadores están aprendiendo constantemente**. Aprenden de sus errores, de los errores de los demás, de sus observaciones de los procesos necesarios para alcanzar los objetivos en los que están inmersos.
5. No se detienen en el simple aprendizaje, sino que también **ponen en práctica lo aprendido**, perfeccionando sus métodos de forma dinámica y constante en tiempo real. A veces el crecimiento y las mejoras que obtienen de sus desarrollos pueden ser muy mínimos y en ocasiones pueden lograr grandes avances.

Pero en sus mentes, no discriminan entre pequeñas y grandes mejoras, ni se obsesionan con hacer grandes mejoras ni se conforman con solo pequeñas mejoras. Todos los tamaños y formas de crecimiento son bienvenidas por ellos

3.2 ¿Qué es planificar?

Las metas son cruciales para el éxito. De hecho, son tan cruciales que incluso las personas que no tienen éxito lo saben. *¿Cómo es eso?* Los objetivos te proporcionan un mapa. Como mínimo, puedes ver lo que pasa antes, durante y después de que alcances tu objetivo.

El establecimiento de metas y objetivos es un proceso que tiene una aplicación crucial en el mundo de los negocios. ¿Pero qué hay de ti como individuo? ¿Se puede utilizar la fijación de objetivos como una herramienta que ayude a alcanzar el éxito?

El establecimiento de metas puede, de hecho, ser un asistente muy útil, a veces poderoso, para tu éxito personal. Si incorporas las metas y los objetivos en tu planificación personal, ya sea a corto o a largo plazo, entonces tu camino hacia el éxito tendrá una mejor base.

¿Éxito? ¿Éxito en qué? Eso depende totalmente de ti. Si hay algo en la vida en lo que quieres tener éxito, entonces sin duda habrá algunas metas que puedes establecer para ayudarte en el camino, es como cruzar un río cuando el éxito está en la otra orilla.

En realidad, puedes aplicar la técnica de establecimiento de objetivos a cualquier área de tu vida, ya sea en el trabajo, en las relaciones personales, en el lugar donde quieres vivir o en un hobby o interés personal.

Siempre y cuando se establezcan objetivos realistas en cada etapa, entonces pueden ser un incentivo personal muy fuerte, que te preparará para la siguiente etapa. Eventualmente podrás mirar hacia atrás y ver lo lejos que has llegado, y podrás decir adiós a esos escalones y seguir otros nuevos en tu viaje hacia el éxito.

Si estableces y piensas claramente en qué áreas quieres tener éxito, y luego en lo que necesitas hacer para llegar allí, naturalmente podrás estructurar un plan a seguir, donde puedas incorporar los objetivos que tendrás que lograr a lo largo del camino.

Al igual que con los objetivos y planes de negocios, **tus objetivos personales deben ser realistas**. Si nunca has conducido un coche y decides que quieres ser un piloto de carreras de Fórmula Uno, entonces no tiene mucho sentido ir directamente al cuartel general de Ferrari y decir: *"Aquí estoy, ¿puedo correr en el Grand Prix la próxima semana?"*

Si eres lo suficientemente decidido, puedes convertirte en un piloto de Fórmula Uno, pero hay algunos pequeños objetivos que debes alcanzar primero. Eso se aplica a prácticamente cualquier objetivo que quieras alcanzar. Debes señalar los logros clave en el camino hacia el éxito en lo que sea que desees tener, establecer una serie de objetivos apropiados y luego marcarlos uno por uno.

Es importante pensar claramente en tus objetivos personales, ya que son solo eso, personales. *No son las metas de tu pareja, de tus padres o de tus hermanos, son las tuyas*. Concéntrate en lo que quieres lograr, no en lo que los demás quieren que logres desde su punto de vista.

Aprovecha la oportunidad de incorporar los objetivos del estilo de vida que quieras tener en tu plan, como vivir junto al mar, tener una casa bonita, o cualquier cosa que sea importante para ti. Incluso, ya que la felicidad se beneficia del establecimiento de metas, puedes pensar en todo lo que te haría feliz, y luego fijar metas para lograr cada uno de esos elementos.

Una vez decididas las metas, entonces ponlas juntas en un plan que sea realista, de lo contrario puedes terminar desanimado después de haber perdido una meta que de todas formas era imposible.

Establece una escala de tiempo razonable, y luego trata de apuntar a ella paso a paso. Si el área de éxito elegida es competitiva, entonces recuerda que la mayoría de la gente se dará por vencida. *Pero tú no te rendirás, ¿verdad?*
Para que puedas lograr tu meta final, hay sub-metas que necesitas lograr primero. Tienes que conocer el proceso entero por el que tienes que pasar, las decisiones que tienes que tomar y los resultados que tienes que producir a lo largo del camino. También puede haber posibles callejones sin salida y posibles desvíos.

Una buena estrategia es dividir los objetivos o metas en pequeñas partes que proporcionan hitos. Y una vez que hayas desglosado todo, puedes aplicar una línea de tiempo.

Esto te ayudará a medir tus avances en un periodo de tiempo más corto y hará tu camino al éxito mucho más llevadero. No es lo mismo establecer la meta de bajar 30 kilos, que proponerte reducir 5 kilos cada mes durante los próximos 6 meses. De esta forma mantienes tu motivación y te será más fácil ser disciplinado y constante.

Las metas son bastante fáciles de explicar. Son bastante fáciles de entender. Pero el problema es que la mayoría de la gente todavía no se las arregla para cumplirlas. ¿Por qué? Bueno, **establecer objetivos es una cosa, lograrlos es otra.**

Esto se debe al hecho de que la mayoría de la gente ve los

objetivos como algo opcional. Podemos perseguirlos solo cuando el tiempo es correcto o cuando sentimos que tenemos los recursos adecuados.

La mayoría de las veces, la gente no tiene un sentido de la urgencia cuando se trata de sus objetivos. No se ponen en una posición en la que sientan que su cumplimiento es de vida o muerte.

De hecho, dada la actitud de la mayoría de las personas hacia los objetivos, podríamos decir que esencialmente funcionan como una especie de *"lista de cosas por hacer"* a gran escala. Lo cual está muy lejos de cómo la gente exitosa se enfrenta a los objetivos.

Las personas exitosas miran las metas de una manera completamente diferente. En primer lugar, empiezan con sus pasiones, y luego hacen metas alrededor de ellas.

Por ejemplo, si eres un apasionado sobre escribir para vivir, tu objetivo sería convertirte en un escritor profesional independiente. *Comienzas con una pasión, y luego la transformas en una meta.*

Cuando trabajas hacia estas metas, confirmas tus valores personales. Sientes que estás expresando tu verdadero ser. Lo mejor de todo es que terminas aprovechando tus habilidades básicas para motivarte hacia tus objetivos. Es como una espiral ascendente que se va formando conforme más trabajas hacia tus objetivos: **cuanto más logras, más competente te sientes,** cuanto más motivado estás, más lo intentas hasta que eventualmente lo logras.

Además, **cuando logras tus objetivos, te sientes muy orgulloso de ti mismo**. Obtienes la tremenda satisfacción de que el éxito de tus objetivos define lo que eres. En otras palabras, que **eres exitoso.**

Así que cuando los consigues, obtienes un mayor sentido de significado personal. Tienes la impresión de que esto es lo que se supone que debes hacer. Esto es de lo que se trata. *Este es tu destino.*

Cuando operas desde este núcleo de pasión, los objetivos ya no son cosas que deberías estar haciendo. En cambio, son las cosas para las que naciste. *¿Ves la diferencia?*

Si tus objetivos no te dan la energía que necesitas para motivarte lo suficiente y esperar más de ti mismo, es hora de cambiarlos. No pienses que tienes que hacer las cosas tal como deberías. Los objetivos no están grabados en piedra. Son simplemente herramientas, así que trátalos como tal.

Primero, necesitas redefinir tus objetivos. ¿Qué es lo que realmente está en juego? ¿Es esto solo una simple cuestión de hacer ciertas cosas en una fecha determinada, o es este un asunto para el que tienes que estar a la altura de tu mayor potencial? ¿Este objetivo es acerca de ti persiguiendo el destino de tu vida?

Reflexiona sobre el objetivo preguntándote "¿Qué significa el éxito para mí como persona?", "¿Cómo se relaciona el logro de este objetivo con mis valores más altos y mi valor como persona?"

Cuando redefinas y reformes, podrás entonces reenfocar. Porque si miras tu objetivo como algo esencialmente ligado a los valores que significan tanto para ti en un nivel personal, puedes obtener mucha más energía y motivación.

Esto no es solo un conjunto de cosas que haces en el día a día. **Esto es lo que realmente da sentido a tu vida**. Esto es lo que realmente te da un propósito para levantarte de la cama cada

mañana.
3.3 Cómo Podemos Planificar

Probablemente estás ansioso por alcanzar los objetivos que te has propuesto, pero rápidamente te das cuenta de que el tiempo es limitado. No importa cuánto lo intentes, sientes que siempre estás un paso atrás.

Una cosa queda muy clara: **necesitas un plan.**

No importa cuál sea la meta que te hayas propuesto, aprender a administrar tu tiempo de manera efectiva es una de las habilidades más importantes que te pondrá en el camino hacia el éxito continuo.

Sin un sistema diseñado para valorar cada hora que pasas trabajando en tu meta, te encontrarás con miles de obstáculos para cumplir con los plazos, mantener la disciplina y la motivación.

Las estrategias contenidas en esta guía están diseñadas para ayudarte a aprender a valorar tu tiempo, tomar decisiones informadas sobre las metas en que te centras y, en última instancia, a vencer al reloj.

Una de las razones por las que tanta gente parece luchar por conseguir sus metas se debe enteramente a la forma en que gestionan sus actividades diarias, en otras palabras, sus hábitos.

Esto típicamente apunta a un problema importante:
La gente está atrapada en una mentalidad de conformismo.
Están tan acostumbrados a esa rutina, que les impide adoptar una mentalidad de éxito. Para poder romper con esa rutina, tienen que entrenarse para centrarse en las tareas más

importantes, priorizando su tiempo.

Cuando trabajas para ti mismo en tus metas, **tu tiempo es más valioso que nunca.** Debes comprender que eres el único responsable de si se cumplirán o no, por lo que tu capacidad para hacer que cada minuto cuente tendrá un gran impacto en el éxito que tendrás.

Si no logras hacer este importante cambio en la forma en que empleas tu tiempo, siempre tendrás que luchar para llegar a donde quieres estar.

Afortunadamente, no es tan difícil romper ese ciclo y hacer la transición de tu forma de pensar. Puedes comenzar con lo siguiente:

- **Establecer metas realistas.** Debes ser honesto acerca de lo que eres capaz de hacer en un día cualquiera. Luego tienes que determinar cuántas horas estás dispuesto a invertir en tus metas y asignar esas horas a proyectos específicos.
- **Dividir las tareas en proyectos más pequeños y enfocados.** Tim Ferris, autor de "La semana de trabajo de 4 horas", se refiere a esto como *"chunking"*. Hablaremos más sobre la importancia de esto en un momento dado porque es una gran manera de impulsar su productividad y hacer más en menos tiempo.
- **Eliminar las distracciones.** Aunque no lo creas, tu entorno de trabajo influye drásticamente en tu manera de vivir y desarrollarte, así que necesitas optimizar tus espacios para que apoyen un flujo de trabajo enfocado y productivo. Eliminar las distracciones, juega un gran papel en tu capacidad de priorizar. Cada hora necesita contar y conseguirás mucho más si enfocas cada segmento de tu tiempo en una sola tarea, sin interferencias externas.
- **Identificar la verdad detrás de la postergación.** Esta es

una de las cosas más difíciles de reconocer a veces, especialmente si tienes el hábito de aplazar las cosas por razones que no conoces.
- **Ser despiadado en la priorización**. ¿Es necesario que tu correo electrónico permanezca abierto mientras trabajas para que todas esas notificaciones te hagan revisar continuamente tu bandeja de entrada?

La estrategia de fragmentación o "chunking".
Durante años, encendía el portátil y empezaba mi día haciendo varias cosas a la vez. Revisaba el correo electrónico, luego escribía algo, luego iba a las redes sociales y volvía al correo electrónico una vez más.

Este ciclo me costó un tiempo valioso, y aunque pensaba que era competente con el *"multitasking"*, la verdad es que ni siquiera el más experimentado puede hacerlo todo a la vez.
La estrategia de **"***chunking***"** es cuando decides concentrarte en una sola tarea importante a la vez (o incluso por día). Considera la posibilidad de crear una lista de tareas detallada de todos los aspectos importantes que quieras modificar en tu vida, enfócate en las cosas que lo mantienen todo a flote y que requieren tu tiempo principalmente.

Esto puede ser complicado porque tendemos a creer que todas las cosas son importantes pero la realidad es que no lo son.
Cuando se trata de alcanzar una meta, hay un puñado de tareas críticas que deben ser atendidas diariamente, y el resto solo añaden un poco más de gasolina al tanque. Se pueden hacer más tarde, una vez que las tareas principales estén fuera del camino.

Tienes que aprender a valorar cada onza de "combustible" que te queda. Ahí es donde entra en juego la estrategia de "*chunking*".

Al enfocarse en una tarea principal al día, no solo es posible concentrarse estrictamente en hacerla a tiempo, sino que la calidad de tu trabajo probablemente será mucho mejor porque no te desvías constantemente. Inténtalo, te aseguro que en poco tiempo comenzarás a ver resultados positivos.

Ahora entiendes la efectividad de dividir tus tareas y que, implementando esto en tu semana conseguirás hacer más en menos tiempo, pero necesitamos cavar un poco más profundo. Crea una rutina para ti y trata de mantenerla. Si puedes crear un horario de trabajo realista que todos en tu vida entiendan, podrás minimizar las distracciones mientras haces que cada hora cuente.

Hacer esto también te ayudará a evitar el agotamiento. Solo puedes ir a toda velocidad durante un tiempo antes de que sufras las consecuencias, incluyendo la falta de motivación. Avanzar sin pausas o sin ningún tipo de horario normal también te dejará agobiado para corregir errores, revisar proyectos y te hará pasar por alto tareas importantes.

Es probable que ya hayas pasado por esto. Te esfuerzas tanto en un proyecto durante tanto tiempo que acabas olvidando información importante, o pasas por alto algo que hace que tu proyecto fracase. Date tiempo para reiniciar. Haz lo mejor que puedas para averiguar qué tipo de rutina te llevará a una mentalidad exitosa.

¿Ayuda hacer ejercicio por la mañana?
¿Tienes que apagar el teléfono, cerrar el correo electrónico o encender una lista de reproducción de música para entrar en acción?

Encuentra tu ritmo y sigue adelante. Tu familia, tu salud mental y tu carrera te lo agradecerán.

4. CONSTRUYENDO UNA MENTALIDAD GANADORA

4.1 El poder de la mente

El éxito es un hábito, seguro. Pero para adquirir este hábito, *hay que tener la mentalidad adecuada*. Puedes intentar forzar las cosas, pero mientras te aferres a tu vieja mentalidad no importa si adoptas nuevos hábitos, estos eventualmente se desvanecerán.

Las personas exitosas hacen ciertas cosas consistentemente, y es por eso que logran un mayor grado de éxito que la mayoría de las otras personas. Pero hay más que eso. No se trata solo de hacer ciertas cosas una y otra vez dadas ciertas circunstancias.

Cuando adoptas estos hábitos de éxito sin cambiar tu forma de pensar, tú eventualmente terminarás donde empezaste. ¿Por qué sucede esto? Porque construiste nuevos hábitos sobre una base mental débil.

Con la mentalidad equivocada, tus hábitos de éxito eventualmente se desmoronan. Tienes que asegurarte de que adoptas la base mental correcta desde el principio. Tu mentalidad es una combinación de tus suposiciones, expectativas y creencias.

La mayoría de las personas de éxito comparten una mentalidad que les permite mantener sus hábitos de éxito. De hecho, los amplían con el tiempo.

No pienses ni por un segundo que estas personas nacieron de alguna manera con esta mentalidad. No lo hicieron. De hecho, muchos no tenían ni idea cuando empezaron. A través del ensayo y el error y los duros golpes de la vida, muchos llegaron a su mentalidad ganadora.

Afortunadamente, no tienes que pasar por esos dolores de cabeza y frustraciones. No tienes que pasar por el ensayo y el error. Puedes obtener una ventaja identificando y adoptando la mentalidad que puede llevarte a una victoria consistente.

¿Cómo funciona todo esto?

Tus pensamientos cambian tus creencias. Si no tienes la mentalidad adecuada, vas a tener ciertas creencias que no van a ayudarte mucho en tu camino hacia el éxito. De hecho, en muchos casos, ciertas creencias limitantes pueden detenerte y llevarte muy lejos del éxito que pudiste haber alcanzado de otra forma.

Tu mentalidad tiene que guiarte hacia la creencia correcta. Estas creencias moldean nuestras respuestas emocionales sobre las cosas que pasan a nuestro alrededor, nuestras prioridades, nuestros valores y la dirección de nuestra vida. Así de importantes son. Por esta razón, debemos ser muy cuidadosos con lo que decidamos creer.

¿Las buenas noticias? Tenemos el poder de elegir en qué creer.
Pudiera parecer que algunas personas nacieron siendo creyentes de ciertas cosas, que nacieron con el sistema de creencias perfecto en cuanto al éxito se refiere. Pero no es así, esas creencias vinieron de alguna parte. Y fueron elegidas por la persona.

Para comenzar a cambiar tu mentalidad a una de éxito lo primero es decirle adiós a tu antigua mentalidad limitante que seguramente te ha estado perjudicando por muchos años.

4.2 La motivación

La motivación es la fuerza impulsora del cambio para mejorar la vida. La motivación viene de saber exactamente lo que quieres hacer y de tener un enorme y codicioso deseo de hacer lo necesario para conseguirlo. Es la que mantiene tu sueño en el camino, ya que es el poder de la motivación lo que te mantiene en marcha cuando las cosas se ponen difíciles.

Aquí hay 5 consejos que te ayudarán a aumentar tu motivación:

1. **Crea un tablero de imágenes y llénalo con imágenes de tus metas deseadas.** El coche que quieres tener, la casa en la que quieres vivir, la zona en la que quieres vivir. También podrían ser fotos de destinos de vacaciones, trofeos, billetes de viaje en primera clase, ropa que quieres comprar, restaurantes finos que quieres frecuentar, cualquier cosa que se te ocurra que te acelere el pulso.

2. **Adquiere el coraje.** Si quieres cambiar tu vida para mejor, entonces pregúntate dónde estás ahora. Tener una actitud indiferente hacia el futuro no es lo que se necesita y no creará un fuerte deseo dentro de ti. Así que pregunta: ¿Por qué quiero cambiar? ¿Es porque estás lleno de deudas? ¿Tu trabajo te vuelve loco? ¿Es tu vida realmente dulce y plena? ¿Estás cansado de hacer lo mismo semana tras semana? ¿Estás más allá de lo aburrido de la gente poco inspiradora, infeliz y aburrida con la que te asocias? Usa estas respuestas para adquirir coraje. Incluso enfádate por ello. Y quiero decir verdadero enojo. Escríbelo todo, todo lo frustrante, no gratificante, miserable que hace que cada día sea un trabajo aburrido hasta tus últimos días. *¿Es eso lo que realmente quieres para ti?*

3. **Hablando de tus últimos días, empieza a apreciar el valor del tiempo**. El tiempo es uno de los recursos más preciados que tienes y también es un recurso no renovable. Puedes aprovecharlo al máximo o desperdiciarlo. Si quieres crear un cambio vas a tener que invertir mucho tiempo para hacerlo realidad. Empieza a reducir el tiempo que pierdes en asuntos irrelevantes: redes sociales, la televisión, internet, los periódicos, las mentiras, los fines de semana de compras, las fiestas, las cenas, las visitas a una interminable fila de parientes y amigos, nada de eso te ayudará a conseguir lo que quieres y solo te robará tiempo. Tiempo valioso que puedes usar mucho más efectivamente invirtiéndolo en TI. Recuerda esto: *Tienes una cantidad de tiempo limitada aquí en la Tierra*. No sabes cuánto tiempo dispones, nadie lo sabe. Pero lo que importa es cómo usas el tiempo que tienes, así que haz que tu tiempo cuente y eso significa empezar desde ahora mismo.

4. **Conformidad.** ¿Eres una pequeña oveja que es demasiado tímida para seguir su propio camino? ¿Tienes que seguir a donde van todos los demás, haciendo exactamente lo que todos los demás hacen y, por lo tanto, quién obtiene los mismos niveles de felicidad que todas las demás ovejas? En serio, ¿esto te describe a TI? ¿Tienes demasiado miedo de ser diferente a todas las otras ovejas porque no les gustaría que decidieras seguir un camino diferente? ¿Así que trotaste obedientemente siguiendo a todas las otras ovejas porque si lo están haciendo ellas entonces así es como está bien? Pero recuerda que, si haces lo que todos los demás hacen, obtendrás lo que todos los demás obtienen ¿Quieres seguir siendo una oveja que sigue ciegamente a todas las demás? ¿O quieres ser un líder, un guerrero que tiene el coraje de ser único y

hacer lo que desea y convertir sus sueños en realidad? Si es así, entonces esto significa que tienes que ser más como un tigre que como una oveja.
5. **Teme a tu miedo.** El miedo es la fuerza que está decidida a detenerte en tu camino y robarte tus sueños. Pero solo puede hacer esto si tú se lo permites. ¿Vas a dejar que este cruel y destructivo charlatán pisotee tus sueños, te robe la felicidad y aplaste tu espíritu? Imagina que este pensamiento acecha tus últimos días: No hice las cosas que quería porque estaba demasiado asustado para vivir. Y para entonces, será demasiado tarde para conquistar el miedo. ¡Niégate a permitir que el miedo arruine tu vida y empieza a actuar ahora!

El mundo está esperando por tus dones únicos. ¿Por qué hacerlo esperar más tiempo?

4.3 La paciencia

Ser paciente quiere decir soportar los dolores o las pruebas con calma o sin quejas, ser firme a pesar de la oposición, la dificultad o la adversidad. Creo que por eso la paciencia también podría considerarse una virtud. Se practica poco, pero se necesita mucho. A la primera señal de dificultad, muchos se lanzan a un camino más fácil y llevadero, con la esperanza de evitar el dolor y el sufrimiento que es necesario en el camino del cumplimiento de nuestras metas.

Pero es solo tomando este duro camino que ganamos la experiencia necesaria para desarrollar nuestro carácter. La impaciencia nos roba este tipo de experiencias vitales. ¿Qué tan diferente sería el mundo si más personas practicaran la paciencia?

La paciencia es la capacidad de aguantar cuando todos los

demás se han rendido. La paciencia es la habilidad de liberar tu necesidad de gratificación inmediata y esperar a que las cosas vengan en su propio marco de tiempo. La paciencia supera la crítica y la intolerancia.

La paciencia desarrolla un verdadero compromiso en las relaciones como el matrimonio, la familia, la comunidad y la carrera. *Muchos grandes líderes han mostrado paciencia mirando antes de saltar, pensando antes de actuar y considerando antes de decidir.* **La paciencia es la marca de la madurez**.

Así que ahora que conocemos las virtudes de la paciencia, ¿cómo podemos desarrollar más paciencia?

Primero, debes comprender que nadie es perfecto, ni tú mismo lo eres. Tienes que aceptar a los demás y a ti mismo, las imperfecciones y todo lo demás. Cada uno está luchando con su propia montaña de miedos, debilidades, obstáculos y crisis.

Segundo, desarrollar una filosofía de vida consistente basada en un sistema de valores en el que se crea. Luego, cuando te enfrentes a una situación, puedes hacer tu elección basada en el sistema de valores en lugar de una respuesta de gratificación instantánea. Cada decisión tiene una consecuencia. ¿Actúas ahora y después te conformas? ¿O esperas obtener el resultado que realmente deseas?

Tercero, cambia tu perspectiva sobre el pasado, el presente y el futuro. Deja de pensar en tus errores y fracasos. No pueden ser cambiados. En cambio, concéntrate en lo que puedes hacer ahora para marcar la diferencia. La vida es una bendición y cada día debe ser vivido como si fuera el último. Empieza de nuevo cada día y recuerda que el futuro viene un día a la vez. ¿Qué puedes hacer hoy para cambiar los resultados que tienes en el futuro?

Cuarto, confronta tus miedos en lugar de evitarlos. Haz lo que más temes y el miedo desaparecerá. *"Lo que persistimos en hacer se vuelve más fácil de hacer, no es que la naturaleza de la cosa haya cambiado, sino que nuestra capacidad para hacerlo ha aumentado."* Haciendo más, cada vez se hace más fácil, y cuando se hace más fácil se convierte en divertido en lugar de estresante.

Finalmente, darse cuenta de que **todas las cosas llegan a los que esperan**. Debes tener fe, ser paciente y creer en tus objetivos, teniendo en cuenta de que a menudo no se lograrán según tus planes originales. Las circunstancias cambian. Las personas cambian. Las cosas cambian. Deja ir su ansiedad, incredulidad y duda sobre el logro de tus objetivos.

4.4 El compromiso

Nuestro nivel de compromiso para cumplir metas está directamente relacionado con la perseverancia. La perseverancia es seguir haciendo algo a pesar de los obstáculos o dificultades. Es una de las mejores cualidades que se pueden tener, porque con perseverancia, el éxito está casi garantizado.

Para perseverar necesitamos tener fe en que realmente podemos tener éxito. Si no creemos que el éxito es posible para nosotros, no estaremos motivados para continuar. Pero este es el dilema. Si no tenemos mucha fe en nosotros mismos, abandonamos nuestros esfuerzos fácilmente, y cuando lo hacemos, parece dar crédito a la idea de que no podríamos tener éxito de todos modos.

Tristemente, esto puede convertirse en un hábito regular. Si, por otro lado, creemos que tendremos éxito, no nos daremos por vencidos. Podemos encontrar grandes dificultades o incluso derrotas, pero como tenemos la seguridad de que al final tendremos éxito, incluso por encima de los fracasos, solo cambiamos nuestras tácticas o ajustamos un poco nuestros objetivos y seguimos intentándolo. Esta es la esencia de la profecía que se cumple por sí misma.

Así que, en el corazón del éxito, está la habilidad de perseverar. Pero, ¿cómo fomentamos esta cualidad en nosotros mismos?, y, ¿cómo mantenemos un total compromiso con nuestros proyectos?

Ser conscientes de nuestro deseo de rendirnos demasiado pronto, y de la verdad de que la persistencia casi siempre nos llevará al éxito. Cuando comiences un nuevo esfuerzo o proyecto, prométete a ti mismo que lo intentarás por un período de tiempo específico y que no te rendirás antes de que termine ese tiempo.

Haz que el periodo de tiempo sea corto si lo necesitas, pero no importa qué, mantén tu promesa y no lo dejes antes del tiempo asignado. Cuando llegue la fecha límite, puedes decidir si tu estrategia está funcionando y debes continuar de la misma manera, o si necesitas hacer ajustes en ella. Permítete abandonar una estrategia en favor de otra después de haberle dado un juicio justo, pero nunca renuncies a tus objetivos. *Solo cambia el rumbo, mas nunca el destino.*

4.5 Mente positiva

¿Te has preguntado alguna vez por qué algunas personas parecen tener éxito en todo lo que deciden hacer, mientras que otras luchan a lo largo de la vida sin encontrar nunca el éxito o algún tipo de satisfacción?

Puede que hayas hecho más que preguntarte. Puede que

incluso te hayas sentido celoso de los éxitos de los demás y les hayas envidiado su fama, riquezas, su enorme casa, su coche último modelo o lo que sea. Debo admitir que he hecho mi parte cuando me encontraba en una situación de dificultad y lucha, y solía convencerme de que algunos tenían toda la suerte, mientras que otros no tenían ninguna.

Pero entonces aprendí algo muy interesante: la forma en que vemos las cosas marca la diferencia entre el triunfo y el fracaso. Si vemos algo como imposible, rápidamente se vuelve imposible, mientras que, si empezamos a buscar posibilidades, estas se empiezan a presentar. Es una cuestión de que yo puedo sí creo que puedo, lo que puede parecer un tanto simple, pero a menudo la vida es más simple de lo que pensamos.

Todo comienza con un pensamiento positivo. Alexander Graham Bell no podría haber inventado el teléfono sin pensar primero que tal aparato debe estar dentro de los límites de lo posible. De la misma manera Alexander Fleming, descubridor de la penicilina, o el famoso Fleming Ian, creador del 007 James Bond. Imagina lo complicada que sería la vida sin teléfonos, antibióticos y el súper espía, cuyas proezas han cautivado a millones de personas en la pantalla grande.

Ahora empieza a imaginar cómo podrías mejorar tu situación pensando de forma diferente, **pensando de forma positiva.** En lugar de pensar que desearías tener el dinero, el estilo de vida, el avión privado, la isla, etc., de estas otras personas, empieza a pensar en todo lo que tú tienes y a contar tus bendiciones. A medida que las cuentes, empezarás a ver que las cosas podrían ser mucho peores de lo que son y a partir de esto desarrollar una actitud de abundancia en lugar de escasez.

Solía concentrarme siempre en lo que no podía permitirme, en lugar de en lo que sí podía. Una de mis expresiones favoritas era que no puedo permitirme el lujo de pagar esto o aquello. Poco a poco, desarrollando una actitud diferente, comencé a entender que **estaba creando mi propio destino.**

Cuando tomaba una decisión negativa era casi inevitable que hubiera un resultado negativo, mientras que cuando lo hacía en el lado de lo positivo (pensando que puedo en lugar de que no puedo) los resultados de mis decisiones empezaban a mejorar.

A medida que éstas mejoraban, también lo hacía mi actitud. Una vez que dejé de centrarme en lo negativo y en lo que no tenía y empecé a permitir el flujo de cosas buenas a mi vida, descubrí después de un tiempo que no me faltaba nada.
También descubrí que me gustaba más esta nueva versión de mí que había encontrado cuando dejé que la envidia no influyera más en mis percepciones. Y cuanto más me gustaba, más creía que absolutamente **todo es posible, lo cual es cierto, con una mente positiva.**

4.6 Cambia tu presente para mejorar tu futuro

Tal vez uno de los mayores obstáculos para tener éxito son los arrepentimientos del pasado. Demasiadas veces nos obsesionamos tanto con todas las veces en el pasado en que fuimos incapaces de lograr nuestros objetivos que creemos que estamos condenados a fracasar en cualquier cosa que hagamos.

Lo que en realidad sucede es que **nos "programamos" para fracasar**. Seguimos viviendo en el pasado, incapaces de romper la "cadena del fracaso" que nos une a nuestros yo del pasado. *Así que nos condenamos a repetir los mismos viejos errores una y otra vez.*

Para hacer las cosas de manera diferente, debemos aprender a cambiar. Nuestros pensamientos, acciones y actitudes deben ser diferentes a los del pasado. Y una gran manera de ser diferente es en la forma en que percibimos nuestros errores.

No hay lugar en la vida de una persona exitosa para el arrepentimiento. El arrepentimiento es un desperdicio de tiempo. De nada sirve para mejorar lo que eres, y en realidad, todo lo que hace es alimentarse de ti. El arrepentimiento te desgastará emocional, física y espiritualmente.

Si quieres ser libre para alcanzar tus sueños y metas, y vivir tu vida al máximo, no debes permitir que el arrepentimiento te mantenga encadenado al pasado en una prisión de "debería de haber hecho esto" y "podría haber hecho aquello".

Una de las mejores maneras de liberar el poder que el arrepentimiento tiene sobre ti es aceptar tus errores del pasado y aprender a vivir en el presente. Permítete ser humano y date cuenta de que, como humano, cometerás errores, y eso está bien, porque así es como aprendes.

Pero ahora, vamos a dar un paso más. No solo debes aceptar tus errores del pasado, sino que debes comprenderlos. Así es, agradece que seas consciente de tus errores.

¿Por qué deberías hacer eso? Porque si eres consciente de que has cometido un error, entonces también eres consciente de que necesitas hacer algo diferente la próxima vez para tener éxito. Esto cambiará totalmente la forma en que actúas en el ahora, y tu futuro se verá inmensamente beneficiado.

A cada acción hay una reacción igual y opuesta. Así que puedes mirar lo que hiciste en el pasado para lograr los resultados equivocados y usar eso como tu plan para lo que necesitas hacer para lograr los resultados correctos en el presente.

Así que cuando te vengan a la mente esos errores del pasado, no te atasques en el pesimismo y no te permitas seguir el mismo camino que causó los errores en primer lugar. En su lugar, acepta esos errores y úsalos como una valiosa herramienta de aprendizaje, en tu ruta directa y sin escalas hacia el éxito.

4.7 Equivocarse no es fracaso, es aprendizaje

¿Recuerdas la historia del Mago de Oz? En esta historia vimos los personajes de Dorothy, que había querido huir de su casa porque pensaba que había un lugar mejor en alguna parte. También conocimos al espantapájaros que creía que no tenía cerebro, al león que creía que no tenía valor, y al amable hombre de hojalata que asumía que no tenía corazón.
Juntos los cuatro se dirigieron a la Ciudad Esmeralda para encontrar al mago con la esperanza de que les otorgaran estas virtudes y así encontrar una forma de que Dorothy volviera a casa.

Aunque Dorothy había pensado que quería estar en otro lugar, una vez que llegó a la Tierra de Munchkin, se dio cuenta de que sus sueños de estar en un lugar diferente no eran lo que ella pensaba que serían. Se dio cuenta de que se había equivocado. Decepcionada por la realidad, quería desesperadamente volver a Kansas y estar con su amada familia.

¿Cuántos de nosotros podemos relacionarnos con su dilema? Por alguna razón pensamos que hay pastos más verdes al otro lado de la acera o que no poseemos las características necesarias para cumplir nuestros sueños.

Desde una edad muy temprana, a muchos de nosotros se nos dice que no podemos hacer esto o aquello porque no tenemos el talento o que no somos lo suficientemente buenos, o lo suficientemente fuertes, o lo suficientemente inteligentes. Lo que sucede es que terminamos viviendo un papel protagonizado con lo que otros nos han dicho sobre nosotros mismos.

Esta visión confusa de nosotros mismos nos impide hacer las cosas que soñamos hacer. Muchos de nosotros anhelamos un mago que venga y nos otorgue las cualidades que sentimos que nos faltan para poder hacer más con nuestras vidas.

Por esta razón tenemos miedo de dar un paso adelante e ir por nuestros sueños. Nos sentimos inadecuados para cumplir con el llamado que tenemos por delante. De las experiencias pasadas no podemos ver ninguna de las características necesarias para alcanzar nuestra meta, nuestro destino.

Lo que a muchos de nosotros nunca se nos dijo, es que a todos se nos dan las cosas necesarias en la vida para que podamos seguir adelante, pero debido a nuestras experiencias pasadas y a la falta de confianza en nosotros mismos tendemos a retroceder o a estancarnos.

Mucha gente no se da cuenta de que la confianza en uno mismo viene de tener éxito en un área en la que deseamos sobresalir. El éxito en sí mismo no es un acontecimiento de una sola vez. De hecho, se necesitan muchos fracasos y aprender de nuestros errores, estos son los que nos hacen eventualmente autosuficientes y confiados.

¿Recuerdas cuando empezaste a montar en una bicicleta de dos ruedas? Es algo que realmente querías hacer. Viste a tus

amigos montando y estabas seguro de que era algo que podías hacer. ¿Qué fue lo que pasó? Lo intentaste y fallaste miserablemente. Ibas a unos pocos metros y luego te tambaleabas y te caías de nuevo. ¿Te rendiste?
¡No! Volviste a subirte a la bicicleta y seguiste practicando hasta que tuviste éxito.

El gran héroe del béisbol Babe Ruth era conocido por su fantástico bateo. ¡Podía lanzar una bola justo fuera del estadio! ¿Se levantó un día y dijo: "Oye, ¿voy a batear todas las bolas del campo"? No, por supuesto que no. Probablemente era su sueño batear todas las que pudiera fuera del estadio, pero sabía que en realidad necesitaba practicar y practicar, y batear y fallar y eventualmente batearía más de lo que fallaría. Cada jugador de béisbol tiene un promedio de bateo. Esto significa que batean un número de bolas, pero también significa que fallan muchas de las bolas o terminan caminando a la base o ponchando.

Podemos tener objetivos específicos. Queremos golpear esa bola, pero debemos estar preparados para fallar si algún día queremos tener éxito. A medida que fallamos, aprendemos mejor cómo sostener el bate la próxima vez o en qué ángulo necesitamos balancear el bate para golpear la bola de frente. Incluso si nos volvemos súper competentes en esto, todavía habrá momentos en que simplemente perderemos la pelota. Eso es parte de la vida, pero si no nos levantamos para batear nuevamente la pelota, estaremos fuera del juego.

¿Qué hay de tus sueños, les estás dando un tiro justo?

¡Seguro que no eres perfecto! ¿Quién lo es? La cosa es que tienes que ir tras tus sueños y no dejar que el fracaso o la falta de confianza en ti mismo te detenga.

Al igual que el espantapájaros, el león y el hombre de hojalata, debemos atravesar la adversidad y dar un paso adelante con fe. A lo largo del viaje encontraremos que, en efecto, tenemos las cualidades que anhelábamos.

Es una paradoja tener que fallar para alcanzar el éxito. Sin embargo, tiene mucho sentido. Si fallas en algo, eso no te convierte en un fracaso. Es una señal de que simplemente tu enfoque actual no produce el resultado que quieres. Entendiendo este concepto, en lugar de tirar la toalla, todo lo que necesitas hacer son nuevos ajustes e intentarlo de nuevo hasta que tengas éxito.

Mientras aprendas de la experiencia, puedes considerarla como un éxito.

El fracaso es una experiencia increíble a su manera. Cuando fracasas, aprendes nuevas cosas sobre ti mismo. Aprendes una nueva forma de enfrentarte a una situación y descubres capacidades que nunca antes habían aparecido. Y obviamente, también aprendes nuevas cosas sobre la tarea en cuestión.

Aprendes a luchar por el progreso y no por la perfección. Comprendes que nada puede ser perfecto, porque si lo fuera el progreso y la mejora no existirían.

Una creencia clave que debes implementar es esta: *"Mientras aprenda de mis fracasos, entonces habré tenido éxito."* ¡Con este pequeño truco, nunca podrás fallar! Solo fallas si te rindes. Mientras sigas intentándolo, no fracasarás.

4.8 Las pequeñas mejoras van fortaleciéndote

El pequeño cambio que crea resultados masivos en tu vida.
"Nunca es demasiado tarde para convertirte en lo que podrías haber sido". – George Eliot.

Creo que todos alcanzamos ciertos puntos clave en nuestras vidas. Todos llegamos a encrucijadas en las que nuestras vidas alcanzan cierto umbral de "dolor" que ya no estamos dispuestos a aceptar. Este umbral es muy diferente para cada persona. También creo que, si eres infeliz con algo en tu vida, entonces eso es un llamado a la acción, un deseo desde tu interior que quiere experimentar más de la vida.

Esto puede ser muy desafiante para muchas personas ya que tienen este impulso de mejorar sus vidas, pero no tienen una estrategia efectiva. Entonces hacen lo "lógico" que es trabajar en los efectos en lugar de hacerlo en la causa.

Hay algo que tienes que tener bien en claro y no debes olvidar jamás:

Para que tu vida mejore, tienes que mejorar tú mismo.
Para que las cosas cambien tienes que cambiar tú mismo.
Esta es tu vida y tú eres el creador de tu propio destino.

Al entender esto podrás situarte finalmente al mando de tu vida. Elimina el miedo y la preocupación, porque sabes que no importa lo que la vida te dé, siempre puedes llegar al siguiente nivel y dar el siguiente paso simplemente haciendo el cambio interno en tu propia psicología.

Deja de buscar eventos, personas y circunstancias externas a las que culpar. Solo necesitas mirar dentro. No importa cuán influyente seas, no puedes controlar las circunstancias y eventos externos de tu vida.

Solo hay tres cosas sobre las que tienes un control absoluto y total y son todas las que necesitas. Esto forma la experiencia total de la vida. **Tus pensamientos, tus acciones y tus palabras están siempre bajo tu control consciente.** Y son los que crean TU mundo cada minuto de cada día.

Esto es increíblemente liberador. Siempre que quiero tener más, experimentar más o cambiar algo, solo tengo que mirar hacia dentro y trabajar en mí mismo. Jim Rohn dijo una vez que el trabajo más duro que harás es el trabajo que haces en ti mismo. Ves, puedes correr y trabajar increíblemente duro tratando de influenciar y cambiar las circunstancias externas, pero eso solo te cansará y desalentará tus futuros esfuerzos. Es mucho más fácil cambiarte a ti mismo y la percepción que tienes de ti mismo y de tu vida. Nada tiene ningún significado excepto el que tú le das.

Pequeños cambios en ti, en tus percepciones y psicología pueden parecer insignificantes al principio, pero porque el cambio está en ti afecta todos tus pensamientos, todas tus acciones y todas tus palabras. Este cambio aparentemente insignificante, con el tiempo cambia toda la dirección y el destino final de tu vida.

Si el capitán de una nave cambia de dirección solo un grado, el destino final podría ser un continente diferente. Al igual que el capitán que cambia su curso en un grado puede ser imperceptible en un corto período de tiempo, pero en distancias mayores el pequeño cambio se vuelve muy significativo.

La mayoría de la gente trata de cambiar las cosas grandes; constantemente tratan de cambiar todo en sus vidas, pero luego fallan en mantenerse en el proceso. En vez de ello, haciendo pequeños cambios consistentes en ti mismo, en tu propio carácter puedes crear resultados fenomenales.

Todo cambio comienza y termina contigo. Si vas a invertir el tiempo y el esfuerzo para mejorar tu vida, entonces invierte en cambiarte a ti mismo. Invierte tu tiempo y esfuerzo en mejorar tú, y deja ir los impulsos superficiales para controlar los eventos y circunstancias. Toda tu percepción y experiencia de la vida viene de ti y de quién eres. Cambia tú mismo, mejora tu comportamiento y mira cómo el mundo mejora y cambia ante tus propios ojos.

5. LA INTELIGENCIA EMOCIONAL

Si has estado esforzándote demasiado y parece que no vas a ir a ninguna parte, es posible que no se trate de tu inteligencia. Créelo. Puede que seas realmente una eminencia, pero la inteligencia por sí sola no te llevará muy lejos.

Si te encuentras luchando en cualquier área de tu vida sin ningún resultado, a pesar de la cantidad de trabajo y tiempo que le dedicas, puedes tener problemas con la inteligencia emocional. Ciertamente algo está fallando en este departamento y está frenando tu camino al éxito.

En la última década, la idea de la inteligencia emocional, se ha hecho más popular en todo el mundo. Desafortunadamente, no mucha gente entiende de qué se trata realmente este término.

Muchos estudios científicos se han realizado a lo largo de los años y han descubierto que la inteligencia emocional es más importante en la vida que la inteligencia promedio que se mide por la escala de Coeficiente Intelectual. Estos estudios, que han sido realizados por universidades americanas y europeas, han demostrado que las respuestas comunes de la inteligencia representan menos del 20 por ciento de nuestros logros y éxitos en la vida, mientras que el otro 80 por ciento depende únicamente de nuestra inteligencia emocional.

Todos, desde los estudiantes hasta los directores ejecutivos, se enfrentan no solo a sus propias emociones, sino a las emociones de todos los que les rodean. La forma en que manejas estas emociones tiene un impacto significativo en la forma en que otras personas nos perciben, así como en nuestra eficacia para hacer las cosas.

Cuando se puede aumentar la inteligencia emocional, se

puede estar mejor equipado para responder a las situaciones estresantes que nos rodean con un alto grado de madurez.
John Mayer, Peter Salovey, y Konstantin Vasily Peterides son investigadores de renombre que descubrieron que las personas que tienen una alta inteligencia emocional tienden a convertirse en mejores líderes y son excelentes en todo lo que se proponen lograr.

La primera persona en usar el término inteligencia emocional fue Wayne Payne en su tesis doctoral "Un Estudio de la Emoción: Desarrollo de la Inteligencia Emocional". En su tesis, comparó el coeficiente intelectual y la inteligencia emocional y determinó que la inteligencia emocional era superior porque cubre un amplio rango de facultades y aspectos del comportamiento de una persona.

Estudiar tu inteligencia emocional te ayudará:

- A entender mejor la fuente y el impacto de tus emociones. Esto es importante porque ayuda a mejorar la conciencia de uno mismo.
- Estudiar tu inteligencia emocional también te dará la oportunidad de entender mejor el comportamiento de los demás y las razones subyacentes por las que actúan de la manera que lo hacen.
- Las personas emocionalmente inteligentes pueden conciliar armoniosamente lo que su mente y su razón les dicen con la voz de sus sentimientos y emociones.
- Gracias a esta habilidad, las personas emocionalmente inteligentes son seguras de sí mismas, conscientes de sí mismas, creativas y energéticas.
- Son mucho más capaces de manejar el estrés y saber cómo llevarse bien con los demás.
- Son más optimistas al abordar su vida y no temen el cambio. En pocas palabras, son la gente del éxito.

5.1 Entonces, ¿qué es la inteligencia emocional?

La inteligencia emocional se refiere a la habilidad de uno para identificar, entender, usar y manejar las emociones de una manera positiva para mejorar la comunicación, superar los retos, aliviar el estrés, empatizar con los demás y desactivar los conflictos.

El alcance de la inteligencia emocional es extenso y cubre una variedad de aspectos de nuestra vida diaria, como la forma en que nos comportamos e interactuamos con los demás. Cuando eres emocionalmente inteligente, eres más capaz de reconocer tu propio estado emocional, así como el de los demás. Tener una clara comprensión de los estados emocionales que te rodean puede ayudarte a relacionarte mejor con ellos, a tener más éxito, a formar relaciones más sanas y a llevar una vida más satisfactoria en general.

5.2 Categorías de inteligencia emocional

Los investigadores en el área de la inteligencia emocional han determinado que hay cinco clases principales de habilidades que están asociadas con la inteligencia emocional.

Conciencia de sí mismo

La conciencia de sí mismo es la habilidad que tienes para reconocer tus emociones y el impacto que tienen no solo en tus pensamientos sino también en tu comportamiento. A través de la autoconciencia, comenzarás a entender tus fortalezas y debilidades y es una parte crítica de tu inteligencia emocional. Tener conciencia de sí mismo también te ayudará a construir tu autoconfianza.

Autogestión

La autogestión es tu capacidad para poner bajo control los comportamientos y sentimientos impulsivos que experimentas en la vida. Mientras que la autogestión no te impide sentir emociones, te permite tener voz y voto en cuanto a la duración de un sentimiento. Aprender a manejar las emociones de manera saludable, adaptarse a las circunstancias cambiantes y cumplir con los compromisos son solo algunos de los aspectos críticos de la autogestión.

Hay varias técnicas que se pueden utilizar para mantener a raya las emociones negativas como la ansiedad, la ira y la depresión. Algunos de los métodos incluyen la meditación y la reformulación de situaciones de una manera más positiva.
La autorregulación implica los siguientes atributos:

- Autocontrol
- Confianza en sí mismo.
- Concienciación
- Adaptabilidad
- Innovación

Motivación

La motivación se refiere al proceso interno que te impulsa hacia una meta. Esta categoría de inteligencia emocional requiere que te fijes metas claras, que tengas un camino definido para alcanzar tus objetivos, y una actitud positiva. Todo el mundo tiene una predisposición hacia una actitud positiva o negativa, pero con la motivación, puedes cambiar tu forma de pensar hacia una orientación más positiva. Cada pensamiento negativo que pasa por tu mente puede ser reorientado de manera positiva para ayudarte a alcanzar tus objetivos.
- La motivación consiste en lo siguiente:
- La motivación de logro
- Compromiso
- Iniciativa
- Optimismo

Empatía

La empatía se refiere a tu capacidad para comprender las preocupaciones, necesidades y emociones de los demás, y es un elemento esencial de la inteligencia emocional. La empatía te permite reconocer las señales emocionales y las dinámicas de poder de grupo que pueden ayudarte a responder a las reacciones de los demás de manera más adecuada. Las personas que son empáticas sobresalen en el desarrollo de los demás, la orientación al servicio, el aprovechamiento de la diversidad y la conciencia política.

Habilidades sociales

Las habilidades sociales son la última categoría de la inteligencia emocional. Las habilidades sociales, también conocidas como manejo de relaciones, son la capacidad de desarrollar habilidades interpersonales que pueden aumentar significativamente las posibilidades de tener una carrera y una vida exitosas. Siendo una economía global con la facilidad de acceso a la información y al conocimiento técnico, es esencial tener habilidades sociales si se quiere ser capaz de entender, sentir empatía, inspirar y trabajar bien en equipo. Además de la gestión de conflictos, tener excelentes habilidades sociales te permitirá:
- Influir en los demás.
- Comunicarse efectivamente.
- Construir lazos.
- Dirigir o liderar a otros.

5.3 ¿Cómo nos afecta la falta de inteligencia emocional?

1. *¿Te resulta muy difícil contener tus palabras hacia un ser querido?*

¿A menudo dices las cosas equivocadas en el momento equivocado con las personas que más importan en tu vida?
Es muy fácil ver esto y creer que solo estamos siendo

"honestos" con ellos. Puedes decirles que solo estás siendo sincero y auténtico, pero desafortunadamente, tal excusa no es un argumento válido. Con una simple pregunta podrías quedarte sin habla: "Si realmente me respetas y me amas, ¿por qué eliges esas palabras para comunicarte?"

Hay muchas maneras de comunicar la misma idea. Desafortunadamente, si estás en un estado emocional, es demasiado tentador y fácil decir las cosas de la peor manera posible. En lugar de simplemente comunicar información, puedes decir cosas de tal manera que disminuyan y degraden a la gente con la que estás hablando.

Las personas solo van a soportar esto hasta que empiecen a sospechar que no los respetas, y mucho menos, los amas.

2. *¿Te sientes atrapado con una personalidad que no has creado?*

¿Parece que tus relaciones solo pueden llegar hasta cierto punto? ¿Sientes que de alguna manera estás atrapado en una gama negativa de emociones que no importa cuánto lo intentes y te preocupes por la gente que te rodea, parece que no pueden entenderte?

Es muy tentador mirar esa situación y asumir el papel de víctima. Es muy tentador decir que simplemente "naciste así". No, no es así. Todo en ti, lo creas o no, y te guste o no, es una elección. Todo, desde tu apariencia, hasta la forma en que hablas, las cosas de las que eliges hablar, y cuánto dinero tienes en el banco, todo eso y mucho más son resultados de tus elecciones.

¿Adivina de dónde vienen? Vienen del interior de tu mente. No pienses ni por un momento que tu personalidad te ha "condenado" de alguna manera a una cierta vida. Eso es una ilusión. No estás atascado. Definitivamente tienes derecho a sentirte frustrado, pero puedes tomar una decisión porque es tu vida.

La inteligencia emocional se construye sobre la base sólida de la autoconciencia. Cuando piensas que de alguna manera estás atascado con una cierta personalidad que produce resultados negativos, no lo estás. Es una creencia limitante que debes eliminar de tu vida.

3. *Te sientes como si fueras una víctima en un nivel u otro.*
Déjame decirte que tomar el papel de víctima es muy tentador. Realmente lo es. De hecho, es bastante seductor. Si piensas que estás soportando el peso del mundo y que la gente espera todo tipo de cosas de ti, puedes ganar una tremenda sensación de libertad simplemente asumiendo el papel de víctima.

Cuando eres la víctima, sientes que no te van a hacer responsable. Después de todo, eres la persona que ya ha sufrido. Para qué recibir más golpes, ¿verdad?

Cuando eres la víctima, sientes que lo que hagas a partir de ese momento no importa porque el daño ya te fue hecho.

No es sorprendente que muchas personas que se consideran víctimas, sean por derecho propio victimarios de otras personas. Se dan a sí mismos un permiso. De hecho, en muchos casos, sienten que tienen algún tipo de licencia para ser mezquinos, abusivos o irrespetuosos con otras personas porque ya son víctimas.

Cuando las personas son dañadas en el pasado, sienten que su vergüenza, humillación y frustración les da derecho a lastimar a otros. Si se sienten así, es porque eligieron no ejercer su inteligencia emocional.

Las personas inteligentes emocionalmente no recurren al victimismo. Saben que es un callejón sin salida. Cuando eres una víctima, esencialmente le estás diciendo al mundo que no tienes opción sobre tu vida. Eres la persona a la que le pasan las cosas, en vez de la persona que hace que las cosas pasen. Siempre buscas un escape y el beneficio de la duda, aunque no te lo hayas ganado.

Te digo que, si asumes el papel de víctima, te vas a conformar con las migajas que te ha dejado la vida. Esta no es exactamente una posición ganadora, créeme.

4. *Sufres de baja autoestima*

Las personas que sufren de baja autoestima a menudo malinterpretan sus emociones. Se sienten tristes, que el mundo puede ser reducido a blanco y negro. El problema es que este es un caso de interpretación.

Tal vez estás viendo el cuadro total de tu vida de la peor manera posible. Tal vez estás exagerando los logros de otras personas y te estás menospreciando. Si eres completamente honesto contigo mismo y practicas la inteligencia emocional, verías el cuadro completo. Más importante aún, verías las cosas en la perspectiva correcta.

Con suficiente perspectiva, a menudo resulta que no somos tan malos como creemos. Rápidamente descubrimos que realmente no estamos en el hoyo. No importa cuán feo, tonto, pobre, estúpido o poco atractivo creas que eres, cuando miras tu vida con la perspectiva correcta, las cosas no son tan malas. De hecho, si estás leyendo este libro, estás en el 10% de la población mundial. Lo más probable es que no tengas que preocuparte por un techo, comida y agua limpia.

Esos son grandes problemas en muchas partes del mundo. De

hecho, si ganas más de 10 dólares al día, sí, has leído bien, 10 dólares al día, estás ganando mucho más dinero que miles y miles de personas en este planeta. No voy a forzarte a contar tus bendiciones, pero quiero pedirte que mires tu vida en perspectiva.

Este es uno de los beneficios de la inteligencia emocional. Al final te das cuenta de que un poco de empatía puede llegar muy lejos. La empatía produce perspectiva.

5. *Sientes que no tienes lo necesario para lograr tus sueños.*

¿Te encuentras en una situación en la que por mucho que lo intentes y por mucho que hagas, parece que sigues fallando? Tal vez "fracaso" es una palabra demasiado fuerte. Tal vez simplemente no puedes dar en el blanco o parece que a pesar de lo que haces, siempre estás constantemente decepcionado.

Si este es el caso, tal vez se deba al hecho de que no estás identificando y analizando tus propias emociones con precisión. Puede que se deba al hecho de que, independientemente de cuánta preparación y recursos estés dedicando a algo, te saboteas a ti mismo para conseguir el éxito final.

Si crees que esto suena retorcido o raro, no lo hagas. En realidad, sucede todo el tiempo.

6. *Tus acciones impulsivas te retienen*

Te encuentras tomando decisiones basadas puramente en la emoción. ¿Te resulta difícil resistir el efecto que tienen tus circunstancias actuales en tu capacidad de decisión? Puede que estés tomando decisiones impulsivas. Probablemente ya sabes que las decisiones impulsivas, a menudo, conducen a situaciones de las que te arrepentirías. O bien te sientes mal por ellas casi inmediatamente después.

Aclaremos una cosa: cuando tomas una decisión por impulso, generalmente no es la mejor. Lo más probable es que no hayas pasado por el proceso de toma de decisiones adecuado, por lo que no puedes estar seguro de que la elección que has hecho sea la más óptima.

También es probable que no hayas considerado las ventajas y desventajas de la elección que estás pensando hacer y que no pienses las cosas en cuanto al impacto a largo plazo de esa decisión en tu vida.

Las decisiones impulsivas se basan principalmente en una cosa y solo una cosa: las emociones. Si careces de inteligencia emocional, a menudo dejas que tus emociones saquen lo peor de ti.

7. Incapacidad para separar tus pensamientos de tus emociones obstaculiza tu carrera.

A lo largo de nuestras carreras, nos enfrentamos a muchas oportunidades. Hay un gran número de ramificaciones en el camino que nos esperan. Desafortunadamente, si piensas de manera muy emocional, no te sorprendas si sigues tomando el camino equivocado. Claro, a veces puedes tener suerte y tomar la decisión correcta. Pero probablemente esas ocasiones pueden contarse con una mano.

Si miras honestamente todas las elecciones de tu carrera como pensador emocional, la gran mayoría de ellas fueron decisiones equivocadas. Esto se puede atribuir fácilmente al hecho de que cuando se te da la oportunidad de pensar en una serie de temas de tu vida, te cuesta mucho mantener tus emociones a una distancia segura.

No te equivoques, si estás tratando de tomar una decisión y dejas que tus emociones se interpongan, nueve de cada diez veces, vas a tomar la decisión equivocada. En el mejor de los casos, elegirás la segunda mejor opción. En el peor de los casos, tomaste una decisión que afecta toda tu vida.

5.4 Beneficios de la inteligencia emocional

Tener un alto nivel de inteligencia emocional puede diferenciarte de la multitud y ayudarte a crear verdaderas oportunidades. Puedes obtener muchísimas ventajas en tu vida como resultado de tener una alta inteligencia emocional.
En el mundo, hay personas que son increíblemente inteligentes, pero que no tienen éxito ni viven una vida plena. Por ejemplo, hay personas que son brillantes en lo académico, pero cuando se trata de sus relaciones personales, son incompetentes. Esto se debe a que, aunque tengan un alto coeficiente intelectual, su inteligencia emocional es baja.

Hay muchas cosas que la inteligencia emocional puede ayudarte a conseguir, incluyendo las siguientes.

Eficacia personal

La inteligencia emocional se considera un ingrediente crítico para el éxito. Proporciona la habilidad de manejar tus asuntos y los de los demás con éxito. Te da las herramientas y estrategias que pueden hacerte más consciente de ti mismo y enseñarte a manejar tus emociones, tanto las positivas como las negativas.

Habilidades de pensamiento

Lo que hace que un problema sea difícil de resolver puede no ser debido a su complejidad, sino más bien a la perspectiva que se tiene. Las dificultades pueden ser resueltas reemplazando los puntos de vista iniciales por nuevas perspectivas. La inteligencia emocional también ayuda a desarrollar tu capacidad de pensamiento estratégico y la habilidad para inspirar y motivar equipos.

Relaciones profesionales

Con una inteligencia emocional más alta, podrás entender mejor lo que hace que la gente se mueva. Esto es crucial para desarrollar un ambiente de trabajo y relaciones armoniosas y positivas.

Al aumentar tu inteligencia emocional, tu capacidad de interactuar con los demás y de comunicarte más eficazmente con los demás aumentará. Esto, a su vez, mejorará tus relaciones profesionales.

Capacidad de liderazgo

Un liderazgo efectivo requiere que entiendas y empatices con la gente que diriges. La inteligencia emocional te proporciona estrategias que son cruciales para persuadir, influenciar, motivar e inspirar a otros. El determinante más importante del éxito en cualquier tipo de gestión o liderazgo es la medida en que comprendes las emociones de los demás y lo bien que respondes a ellas.

Esto puede aumentar significativamente la satisfacción y crear un entorno propicio para unas relaciones laborales más sólidas.

Bienestar físico

La inteligencia emocional tiene un impacto significativo en tu bienestar general. El control del estrés, que está estrechamente relacionado con tu estado emocional, te da la capacidad única de reaccionar de forma positiva incluso cuando te enfrentas a retos en tu vida. Esto es increíblemente importante porque el estrés puede terminar debilitando tus habilidades físicas, disminuyendo tu sistema inmunológico y, en última instancia, disminuyendo tu calidad de vida.

Bienestar mental

La actitud y la perspectiva que tienes en tu vida está moldeada por la inteligencia emocional. Si tienes un bajo coeficiente intelectual, es probable que experimentes ansiedad, depresión y cambios de humor. Esto terminará por mermar tu positividad y optimismo, haciendo tu vida aburrida y desagradable. La estabilidad mental suele estar en su punto más alto cuando todas sus facultades, incluida la capacidad de comprender e interpretar las emociones, funcionan correctamente.

5.5 Pasos para desarrollar la inteligencia emocional

El **primer paso** para desarrollar tu inteligencia emocional es **la autoconciencia**. Esto es crucial. No puedes saltarte este paso. Puedes pensar que te conoces en el fondo. Puedes pensar que eres una persona muy consciente de ti mismo. ¿Adivina qué? Piénsalo de nuevo. Hacemos todo tipo de juicios rápidos sobre cómo nos sentimos. Poco sabemos que en realidad estamos sintiendo muchas cosas al mismo tiempo. Esto siempre sorprende a la gente, incluso a aquellos que dicen ser totalmente conscientes de sí mismos.

Por eso, en este momento, necesito que dejes de lado tus suposiciones sobre lo bien que te conoces a ti mismo. En vez de eso, hazte una pregunta muy simple, "¿Cuán consciente soy de todos mis estados emocionales?" Presta atención a la palabra "todos". Esto es plural. Cada vez que sientes emociones fuertes, normalmente no implica solo una emoción. Estás sintiendo algo antes, durante y después de ese fuerte estado emocional.

Si ignoras esto o lo descartas por completo, te estás haciendo un gran daño. Realmente lo estás haciendo. Te pones en una situación en la que hay una desconexión entre cómo te sientes y cómo te perciben los demás. Tienes que entender que muchas veces hay una desconexión entre lo que crees que sientes y lo que otros dicen que estás sintiendo. Ahora bien, esto no es una cuestión de oposición. No es una cuestión de opuestos en blanco y negro, de que uno sea verdadero y el otro falso.

En cambio, es una cuestión de ver el panorama general. Por ejemplo, te sientes deprimido porque tu exnovia está saliendo con otra persona. Pero si profundizas lo suficiente, no solo sientes tristeza. También sientes nostalgia y una sensación de decepción en ti mismo porque no la trataste mejor. Puede que incluso te sientas enfadado contigo mismo. Hay tantas emociones diferentes que están pasando. Es como una especie de ensalada mixta. Hay muchas capas diferentes en ese estado emocional en el que estás.

Si te das cuenta de esto y eres capaz de superar tu propia actitud de negación, entonces te desconectas menos. Serás capaz de expresar claramente tus emociones mejor, pero lo más importante es que serás más consciente de lo que realmente sientes en todo momento.

¿Por qué la gente practica el juego de la negación? ¿Por qué la gente se miente a sí misma? Bueno, una parte de eso se debe al hecho de que estamos jugando para la multitud. Por ejemplo, según la sociedad, se supone que los hombres no deben sentirse tristes. Se supone que deben ser duros, independientes y autónomos.

Del mismo modo, si eres mujer, se supone que debes sentir empatía. Se supone que debes ser compasiva. Así que, cuando sientes disgusto y rabia, te confundes. Tienes que superar esto y reemplazarlo con un profundo sentido de autenticidad. Tienes que recordar que no existe tal cosa como una emoción correcta e incorrecta.

Lo importante es que seas plenamente consciente de que lo estás sintiendo. Eso es todo lo que tienes que hacer. Reconocer que lo estás sintiendo. Identificarlo claramente. No hay nada que explicar. No hay nada de qué avergonzarse. No hay nada que esconder bajo la alfombra. Solo reconócelo. No lo etiquetes como feo, inapropiado o algo que una "mala persona" sentiría. Tu trabajo es ser lo más claro posible sobre las emociones que sientes.

Hazte cargo de ellas, no hay necesidad de disculparse por tus emociones. Supera este sentido natural de negación porque desde que éramos niños, fuimos entrenados para negar nuestros sentimientos. Fuimos entrenados para inventar excusas para ellos. Bueno, a partir de ahora, vas a tener que superar eso.

El segundo paso es entender que, debemos quitarnos de la mente la idea que la gente, de forma automática, "nos entenderá".

Realmente no puedo culpar a la gente por pensar de esta manera. Después de todo, cuando eras un niño y estabas pasando por tus dolores de crecimiento emocional, tus padres te dieron mucha cuerda y te siguieron la corriente. El problema es que, en algún momento, vas a tener que crecer.

La gente que te rodea no se va a doblegar para tratar de entenderte. No te van a dar el beneficio de la duda. Definitivamente no te van a dar mucha cuerda. No te pongas en la posición de asumir constantemente que la gente entenderá automáticamente lo que expresas y lo que tus palabras significan realmente.

Tienes que entender que la gente tiene suficientes problemas propios. Tienen sus propias vidas para vivir. De lo contrario, te pones en la situación de que serás una persona muy incómoda con la que estar. No quieres participar en ese juego. Tienes que deshacerte de esta muleta mental.

Cuanto más creas que la gente entenderá automáticamente lo que sientes, menos probable será que hagas el pesado trabajo emocional de ser realmente consciente de ti mismo.

Otra forma en que la gente juega para el público es expresando sus emociones basadas en expectativas sociales, por lo que no muestran su verdadera cara. No estás expresando realmente lo que sientes. En cambio, miras tu situación e imaginas cuál es el estado emocional "correcto". En otras palabras, estás buscando lo que es socialmente aceptable. Desafortunadamente, cuanto más haces esto y juegas con la multitud de esta manera, menos honesto emocionalmente te vuelves.

Eventualmente, llegas a un punto en el que ni siquiera puedes decir tus propias emociones, a menos que se reduzcan a un Emoji que utilizas en las redes sociales. No dejes que las expectativas sociales dicten la forma en que te expresas emocionalmente. Concéntrate en la honestidad. Si te sientes triste, permítete sentirte triste. Si te sientes molesto, permítete sentirte molesto.

Ahora, por favor entiende que esto no significa atacar. Esto no significa que tengas que llorar a cántaros o gritarle a alguien con ira. Estoy hablando de lo que sientes en tu interior. En lugar de cubrirlo, pretender que es otra cosa o, peor aún, negarlo, siéntelo. La honestidad es tu propia recompensa. Si sigues cubriendo lo que sientes, a la única persona a la que engañas es a ti mismo, cuanto más practiques la honestidad en tu interior, mejor te irá.

El tercer paso es registrar tus emociones. Para ello, lleva un diario de inteligencia emocional. Una vez que tengas claridad, tendrás que superar la negación y dejar de jugar con la multitud. Registra lo que sientes. Recuerda, no hay una respuesta correcta o incorrecta. Nadie tiene que leer tus notas, no es como si fueras a escribir todo esto y publicarlo en Facebook.

Esto es solo para ti. Solo escribe lo que sea que esté en la punta de tu boca. Esta es la parte subjetiva. Mientras lo sientas, escríbelo. Luego, descríbelo en términos objetivos. Esto es muy importante. ¿Cuál es el contexto de tus sentimientos? ¿Qué lo provocó? ¿Qué es exactamente lo que sientes? Por ejemplo, si la imagen mental de la exnovia que me engañó apareciera en mi mente, escribiría, me siento triste porque ella me traicionó. Ella no dijo la verdad. Me dijo mentira tras mentira a la cara. Me dejó seguir, sabiendo muy bien que estaba haciendo ciertas cosas a mis espaldas. Solo hasta que descubrí que estaba haciendo esas cosas, me dijo la verdad. Por eso me siento mal.

Cuando escribes en estos términos, estás siendo objetivo porque estás trazando lo que sientes, que es tristeza, sobre un conjunto de hechos que ocurrieron en un tiempo y un lugar específico de tu historia personal. Esta es la parte objetiva de tu registro, estás creando un contexto cuando haces esto.

Ahora, la siguiente parte es subjetiva. Te preguntas, ¿qué creo que estoy sintiendo? Creo que siento tristeza, pero ¿hay algo más? Siento nostalgia porque la amé de verdad. Le creí. A una parte de mí le gustaría pensar que ella también me amaba.
Después de escribir este tipo de material, te preguntas, ¿cuáles son los factores objetivos aquí? ¿Cuáles son las cosas que puedo probar? Bueno, puedes probar el hecho de que ella te mintió porque hablaste con tus amigos comunes y te dijeron la verdad. Puedes probar el hecho de que ella hizo todas estas cosas. En ese contexto, está bien sentirse triste y eso es lo que realmente sientes.

También te sientes enojado y traicionado. Te sientes abandonado. La clave aquí es enumerar todas las emociones que estarían justificadas por los hechos. Así es como llegas a tus verdaderas emociones. No puedes decir simplemente "me siento triste", "me siento enojado" o "me siento arrepentido". Eso es demasiado superficial. Tienes que mirar el conjunto de hechos, prestar atención al contexto y luego hacer una lista de todas las emociones que podrían venir.

Después de eso, pregúntate: "¿Estoy sintiendo esto?" Así es como se rompe el iceberg de las emociones, en lugar de raspar en vano la superficie. Si sigues adelante con este proceso, empiezas a ver el panorama general de cómo tus emociones se acumulan y cómo las expresas.

Ahora que has registrado tus emociones, deberías tener suficiente información sobre cualquier desconexión que pueda existir entre tus sentimientos subjetivos y cómo exteriorizas o comunicas estos sentimientos. Como mínimo, serás más consciente de las señales emocionales que estás enviando. Armado con esta información, puedes preguntarte cuáles son los parámetros objetivos de ciertas emociones. ¿Qué tipo de rango emocional exhibo normalmente cuando estoy sintiendo estos ciertos tipos de emociones fuertes: tristeza, felicidad, alegría, ira, shock, culpa, arrepentimiento, etc.? Ahora que tienes una comprensión bastante clara de tu rango de emociones y de los parámetros objetivos de éstas, cómo se supone que deben ser y cómo las comunicas, el siguiente paso es entrenarte para expresar tus emociones en términos objetivamente claros.

Por último, tienes que entrenarte en dos niveles. Tienes que aprender a expresar las emociones que sientes en términos claros y objetivos, para que la gente sea menos propensa a malinterpretarte. Esto, por supuesto, suponiendo que has aprendido la lección anterior, que es estar completamente en sintonía con lo que estás sintiendo. No lo estás etiquetando mal, no estás en negación, ni estás anteponiendo una emoción a otra. En cambio, eres plenamente consciente de lo que sientes en todo momento. Esto requiere mucho trabajo porque, afrontémoslo, la mayoría de la gente es perezosa. La mayoría de la gente prefiere hacer suposiciones de las emociones fuertes que sienten y dejarlo así. Esta autoconciencia emocional es la base del control emocional. Si lo haces bien, estarás en el camino hacia el autodominio, creando tu éxito personal y una mayor inteligencia emocional.

6. CONOCIENDO LOS HÁBITOS

6.1 ¿Qué son los hábitos y sus características?

En este capítulo, discutiremos cómo ciertas acciones se convierten en hábitos, lo que te ayudará a romper los hábitos negativos o destructivos y a desarrollar otros positivos en su lugar. Pero antes de que puedas dar un solo paso hacia ese objetivo, primero tienes que entender cómo llegaste a donde estás actualmente.

Todo el mundo tiene hábitos en su vida que se han desarrollado a lo largo de los años.
Algunos de ellos son realmente buenos para ti y otros no tanto. Por ejemplo, podrías haber aprendido a cepillarte los dientes cada mañana y cada noche antes de dormir. Esto mantendrá tus dientes saludables y es un hábito que te dará una mejor sonrisa, te ahorrará mucho dinero en el dentista y evitará un montón de dolor y sufrimiento (cualquiera que haya tenido una la extracción dental estará de acuerdo conmigo).

Por otro lado, puede que hayas desarrollado el hábito de la postergación. Definitivamente no estás solo. Todo el mundo aplaza hasta cierto punto, y algunas personas lo convierten en una forma de vida. La postergación ocurre por muchas razones. A veces es el miedo al éxito, la falta de confianza en uno mismo y a veces, es solo una falta de motivación.

Estos son solo dos ejemplos de **buenos y malos hábitos**. Tú tienes miles de hábitos (buenos y malos) que has arraigado en ti mismo a lo largo de los años.

Entender cómo se desarrollaron estos hábitos te permitirá ver tus propios éxitos y fracasos más claramente y familiarizarte con la psicología detrás de los hábitos te dará una perspectiva objetiva que te permitirá solucionar problemas sin tanto desgaste emocional.

Para comprender la psicología detrás de tus hábitos: *cómo se forman, lo que te motiva a realizarlos y cómo se convierten en una parte permanente de tu vida*, lo primero que tienes que entender es que todos los hábitos - desde el cepillado de tus dientes hasta poder reconocer oportunidades de negocios - se forman exactamente de la misma manera.

El proceso neurológico en la formación de hábitos es idéntico, y no importa si es un hábito pequeño, un hábito grande, un mal hábito o uno bueno. Entender esto es en realidad una de las cosas más importantes que puedes hacer porque inmediatamente te dice que si puedes enseñarte a cepillarte los dientes dos o tres veces al día, sin siquiera pensarlo, entonces puedes enseñarte a hacer cualquier cosa.

Puedes tener confianza en tu habilidad para enseñarte cualquier hábito positivo que quieras porque ya lo has hecho muchas veces en tu vida.

Mientras que cepillarse los dientes puede parecer que tiene muy poco que ver con iniciar un negocio en línea y hacerte exitoso, el proceso es exactamente el mismo. Si puedes hacer una cosa, puedes hacer la otra.

Imagina que no tienes el hábito de cepillarte los dientes. Te cepillas un par de veces a la semana, pero quieres cepillarte al menos dos veces al día. Este ejemplo puede parecer un poco irreal, pero ten paciencia porque sirve para demostrar un punto muy importante de cómo se forman los hábitos.

Empecemos por la mañana. Cuando te levantas por la mañana, sabes que tienes mal aliento. La última cosa que quieres hacer es salir de la casa así y luego ir a trabajar y hablar con tus compañeros de trabajo.

Por eso cuando te despiertas, vas a pasar unos minutos pensando en cómo sería ir al trabajo con mal aliento. Imagina la mirada en las caras de tus compañeros de trabajo y cómo la gente hablaría sobre ti.

Esto debería motivarte lo suficiente como para entrar en el baño tan pronto como te despiertes para lavarte los dientes. Si quieres motivarte a ti mismo por la noche, usando el mismo ejemplo, puedes pasar unos minutos en la cama pensando en todas las bacterias, azúcar y trozos de comida que aún están en tus dientes. Seguramente vas a querer levantarte y cepillarlos antes de ir a dormir.

Estas acciones se llaman disparadores o estímulos, y son la base del proceso neurológico que crea hábitos. **Cuando ocurre un desencadenante, este motiva una acción.** Afortunadamente puedes crear estos desencadenantes por ti mismo para que hagas la acción automáticamente, y no lo sentirás como una tarea. *Simplemente será algo que realmente quieres hacer.*

La creación de un estímulo es solo el primer paso en el proceso de creación de un hábito a largo plazo. Primero tienes que entrenar tu mente para desencadenar la acción y luego lo llevarás a cabo. Cuando lo hagas las suficientes veces *la acción se convertirá en automática* y ya no necesitarás el disparador para recordar hacer la acción. **Esta acción automática es un hábito.**

Es muy importante que te sientas motivado cuando desencadenes una acción, así será más fácil recordar que tienes que hacerlo. Solo porque hayas creado un estímulo no significa que vas a querer que se realice el hábito. Es por eso que necesitas crear una lista de beneficios para cada hábito que intentes formar.

Puedes hacer uso de la visualización para motivarte a completar una acción. Cuando puedes ver el resultado final que quieres en tu mente es mucho más probable que hagas el hábito con o sin el estímulo.

Este es solo un breve resumen de cómo se forman los hábitos. Al terminar este libro tendrás una mejor comprensión de la psicología detrás de los hábitos y especialmente cómo puedes crearlos con un poder de permanencia a largo plazo.

Crear hábitos a largo plazo que duren toda la vida requiere un poco de trabajo, pero la parte más difícil está justo al principio y las recompensas por hacerlo son en realidad satisfactorias.

6.2 ¿Cuáles son los tipos de hábitos más comunes?

Como mencionamos anteriormente, existen diferentes tipos de hábitos, buenos o malos, pequeños o grandes, pero normalmente se dividen en las siguientes categorías:

1. **Hábitos Físicos**

Estos son los que tienen que ver con el cuerpo y la salud, desde nuestro mencionado ejemplo del cepillado de dientes después de cada comida, ir al gimnasio cada mañana, tomar una taza de café al despertar, o tomar una copa de vino cada vez que nos sentimos un poco estresados.

2. **Hábitos Sociales**

Los hábitos sociales involucran la forma en que interactuamos con otras personas, saludar alegremente a las personas, decir las palabras "gracias" y "por favor", visitar a la abuela los domingos de cada semana, cenar en familia y hablar de cómo estuvo el día, salir con los amigos los viernes por la noche.

3. Hábitos Mentales

Como su nombre lo dice, estos hábitos son los que están relacionados estrictamente con la mente. Son realmente importantes ya que nuestra fortaleza emocional está fuertemente ligada a ellos. Nuestra felicidad y éxito en la vida siempre dependerá de nuestra forma de pensar.

4. Hábitos Recreativos

¿Cuáles son las actividades que normalmente realizas para divertirte? Puede ser pasar la tarde viendo series de televisión, salir a jugar un partido de fútbol con tus amigos, navegar por las redes sociales o salir a dar un paseo con tu perro.

5. Hábitos Afectivos

Se trata de la forma en que te relacionas afectivamente con otras personas. Algunos acostumbran enviar mensajes de texto a sus parejas cuando despiertan por la mañana y antes de ir a dormir, tomarse de la mano al caminar, hablarse con palabras afectuosas constantemente.

6.3 ¿Cómo se pueden diferenciar los hábitos positivos de los negativos?

A lo largo del día realizamos cientos de actividades sin darnos cuenta si son dañinas o no para nuestro cuerpo, salud o vida en general. Estamos tan habituados a hacer ciertas cosas que en muchas ocasiones consideramos correctas porque así nos han hecho creer otros, sin pensar en el efecto que puede tener eso en nuestras vidas.

Uno de los hábitos nocivos más comunes es el consumo de tabaco. Pero cómo olvidar hace algunas décadas cuando se anunciaban como seguros y atractivos, cuando la realidad era muy distinta.

¿Cuántos jóvenes no recibieron ese mensaje publicitario tan engañoso? Ese hombre "Marlboro" que lucía tan glamoroso, que provocaba querer imitarlo para ser tan genial como él. O el anuncio de Camel donde proclamaban ser la marca más usada por los doctores, además el famoso John Wayne era un fumador de Camel. O la suavidad natural de Pall Mall es tan buena para tu gusto que no vas a querer otra marca de cigarrillos.

Toda esta mercadotecnia es capaz de confundir a cualquiera y *hacer que algo malo parezca bueno.* Y así se van formando hábitos que nos ofrecen una recompensa inmediata, y nos hacen sentir bien momentáneamente, pero a largo plazo pueden convertirse en un problema grave.

Para identificar nuestros hábitos positivos de los negativos, uno tiene que mirar en retrospectiva, hacer una observación de ti mismo y reconocer cuáles de nuestros hábitos traen consigo otros malos hábitos. Esto para conseguir un cambio de acuerdo a las metas u objetivos que queramos conseguir.

Puede que te sorprenda la gran cantidad de hábitos negativos que son parte de tu rutina diaria; sin embargo, no seas duro o dura contigo mismo. Todos somos víctimas de los malos hábitos y la mayoría de ellos fueron creados de manera inconsciente en nuestro cerebro o impuestos por la influencia de otros. La buena noticia es que una vez tengas consciencia de ellos, puedes eliminarlos de tu vida y sustituirlos por nuevos que te acerquen más al tipo de vida que quieres tener.

Si estás planeando cambiar tu vida y tener más éxito eliminando tus malos hábitos, estás yendo por el camino equivocado. Hay una manera mucho más efectiva de erradicar los malos hábitos y es simplemente sustituyéndolos por otros buenos.

Vamos a ver algunos ejemplos para que puedas ver exactamente lo que esto significa a efectos prácticos. Esta es una lista de algunos de los malos hábitos que tal vez quieras cambiar.

- Dejar de comer tanta comida rápida.
- Dejar de mirar Netflix y trabajar más.
- Dejar de postergar tanto.
- Dejar de quedarte despierto hasta tan tarde.
- Dejar de ser tan desordenado.

Muy bien, ahora ya has identificado algunos malos hábitos que quieres cambiar. El problema es que si empiezas a cambiar esta lista te volverás loco antes de empezar, porque esta lista te está privando de las cosas que tanto disfrutas. La forma en que esta lista se ve tu cerebro es algo así.

- No vuelvas a comer esas deliciosas hamburguesas, papas fritas y pasteles nunca más.
- Deja de tener el enorme placer de ver la televisión en Netflix.
- Trabaja arduamente y haz cosas aburridas todo el tiempo.
- Deja de ir de fiesta y de hacer cosas divertidas.
- Conviértete en un aburrido maniático de la limpieza.

Cuando enumeras los malos hábitos que quieres romper,

haces que tu cerebro piense que está perdiendo algunas de las partes más placenteras de la vida. Esto te hará luchar contra ti mismo cuando intentes hacer estos cambios.

En vez de eso, intenta hacer algo diferente, como establecer algunos nuevos hábitos que añadan beneficios y valor a tu vida.

Aquí hay algunos ejemplos de algunos hábitos que harán exactamente lo mismo que los identificados anteriormente, pero engañarán a tu cerebro para que piense que vas a obtener una recompensa en lugar de ser castigado o que perderás algo en el intento.

- Comer sano por lo menos una comida al día.
- Mirar Netflix los fines de semana.
- Completar al menos 5 tareas cada semana.
- Empezar a dormir más entre semana.
- Organizarse mejor en ciertas áreas (casa, oficina)

Como puedes ver, aunque estos nuevos hábitos te dan el mismo resultado que los que establecimos primero, no te están quitando nada de tu vida, especialmente algo que tu cerebro considera placentero.

Claro, si lees entre líneas, puedes ver que ver Netflix los fines de semana significa que no puedes verlo entre semana, pero tu plan no es engañarte completamente, solo necesitas engañar un poco a tu cerebro para que deje de luchar contigo cuando intentas implementar un nuevo hábito.

El factor número uno que determinará si puedes o no alcanzar tus metas es si crees en ti mismo. Cualquier tipo de negatividad, ya sea que provenga de los hábitos que estás cambiando o de los pensamientos que pasan por tu cabeza, va a estropear esa confianza.

Cuando sustituyes tus hábitos negativos por otros positivos, ves **un cambio positivo en tu vida.** Si te enfocas en todos los hábitos negativos que tienes que eliminar, puede llegar a ser realmente abrumador. Esto inicia un ciclo de todo o nada que resulta en nada más que desmotivación y fracaso.

Por otro lado, si estás tratando de añadir hábitos positivos a tu vida no existe el ultimátum de todo o nada. Te sientes bien cuando trabajas sobre tus buenos hábitos, incluso si no eres perfecto en ellos, y poco a poco vas creando un ambiente mucho más propicio para el cambio.

6.4 El impacto de los hábitos en nuestra vida

Podría decirte cuáles son tus hábitos tan solo por la manera en que es tu vida. Tu rutina diaria afecta no solo tu vida privada, sino también tus finanzas, tu vida social, tus relaciones sentimentales, tu trabajo, tus negocios, tu crecimiento personal… en pocas palabras, todo. Así que, ya sea que quieras hacer un pequeño cambio o un paso masivo o gigantesco en tu vida *tienes que empezar por tus hábitos.*

Mira a tu alrededor ¿Por qué decidiste vestirte así el día de hoy? ¿Cepillaste tus dientes por la mañana? ¿Tomaste tu teléfono a primera hora del día? ¿Qué hiciste en el camino al trabajo o la universidad? ¿Leíste algo para enriquecerte y mejorar tu vida, o simplemente navegaste por Facebook, Instagram o Twitter?

Cada día más personas se convierten en víctimas del mismo patrón:

Malos hábitos = Malos resultados

Hábitos pobres = Resultados pobres
Hábitos negativos = Resultados negativos

¡Y las personas aún se preguntan por qué nada cambia en su vida con el paso de los años!

Creo que se ha dejado más que en claro que los hábitos moldean nuestras vidas. El 40% de nuestras acciones no son decisiones conscientes sino hábitos. Así que estamos hablando de que casi la mitad de nuestro tiempo actuamos de una forma determinada sin siquiera darnos cuenta.

6.5 Los hábitos heredados VS. los hábitos creados por nosotros.

¿Alguna vez has notado lo muy parecido que actúas a tus padres con el paso de los años? Incluso esas actitudes que solías criticar, ahora las compartes con ellos. De pronto te encuentras siguiendo esos mismos patrones. Seguro conoces a alguien que repite las mismas relaciones que sus padres vivieron alguna vez.

Estas situaciones son sin duda comunes. Nos guste o no, nuestra familia de origen es de donde aprendemos **nuestros primeros y más arraigados hábitos,** algunos de ellos como nuestros modales y educación son buenos y muy beneficiosos, mientras que otros pueden llegar a ser realmente limitantes.

Si miramos con atención seguro encontraremos muchas características de nuestra personalidad que podemos identificar también en nuestros padres, patrones de conducta como la facilidad o dificultad para demostrar nuestras emociones, nuestras preferencias por determinados alimentos, tendencias a comer en exceso o a consumir bebidas alcohólicas, y no solo eso, si no también nuestras formas de administrar el dinero.

Hay que tomar en cuenta que estos hábitos, aunque pudiera parecer que han sido **"heredados"** por nuestros familiares, *no lo son*. Simplemente han sido copiados o aprendidos a lo largo de los años.

Esto se debe a que, cuando somos niños, son ellos (o los adultos que nos rodearon) nuestra referencia directa de cómo ver la vida, cómo reaccionar ante los problemas y cómo relacionarnos con las personas, el dinero, la comida, etc.

Por otro lado, están los **hábitos creados por nosotros mismos.** Estos pueden ser desde mirar nuestro celular cada vez que nos sentimos aburridos, comer un snack entre comidas o levantarnos a las 6 de la mañana a correr por el parque.

Estos hábitos como vimos anteriormente, se crearon por un estímulo o desencadenante, obtuvimos una recompensa y lo convertimos en una rutina.

No importa de dónde provienen nuestros hábitos; sin embargo, entre más tiempo haya pasado desde que se formaron, que en este caso serían los **hábitos "heredados"**, será más difícil deshacernos de ellos.

Muchas de estas conductas, están ahí desde nuestros primeros años por lo que están fuertemente arraigadas en nuestro cerebro, y en muchas ocasiones ni siquiera las percibimos como malos hábitos, simplemente actuamos en automático.

7. FALSAS CREENCIAS

Durante décadas, los hallazgos en investigaciones científicas y psicológicas han demostrado que los sistemas de creencias de los individuos tienen un profundo efecto en la salud, la mente y el éxito.

Los pacientes de alguna enfermedad severa que creen que pueden curar sus cuerpos, tienen mayor predisposición a llevar tratamientos y, por tanto, tienen más probabilidades de entrar en remisión; los estudiantes que creen que pueden hacerlo bien en la escuela lo harán bien; y las personas que creen que pueden tener éxito en los negocios tendrán éxito. En otras palabras, pueden porque creen que pueden.

Las creencias son suposiciones, prejuicios, juicios, ideas, opiniones y actitudes a través de las cuales todo lo que experimentamos se filtra. Las creencias no son hechos, sino opiniones con expectativas. Estos principios (que son creencias o doctrinas generalmente consideradas como verdaderas) son la forma en que estructuramos nuestra comprensión de la realidad. Son los fundamentos de nuestra interpretación, comprensión o análisis de cualquier situación o acontecimiento.

La mayoría de las creencias se heredan de los padres, los medios de comunicación, la educación, la religión organizada, la ciencia y otras estructuras institucionales importantes.

Un sistema de creencias proporciona un conjunto de valores básicos en los que basamos todo lo que sentimos, interpretamos, sentimos, decimos o hacemos. Este sistema define un conjunto de reglas por las que procesamos y almacenamos información a medida que pasa por nuestras mentes conscientes.

Muchas de nuestras creencias principales están fuera de nuestra conciencia ya que damos por sentado que así es como soy o que esta es la realidad cuando queremos justificar nuestras creencias o nuestras acciones.

Supongamos que hay algo que realmente quieres hacer. Puede ser algo grande como mudarte a otra parte del país o algo pequeño como tomar una hora de tiempo varias veces a la semana para dedicarte a un hobby, o quizás quieres dejar de fumar o empezar una nueva dieta.

El punto clave es que es algo que has estado diciendo que quieres hacer durante cierto período de tiempo, pero no has tenido tiempo de hacerlo. **Es un patrón.** Hasta el punto de que cada vez que empiezas la frase "Me encantaría aprender a tocar el piano" pasas directamente a tu lista de excusas en piloto automático "pero no puedo quitarle tiempo a mi familia" o "es una idea tonta porque soy demasiado viejo", etc. Ahora, puede que en este momento estés diciendo que tú no utilizas excusas y que tus razones son muy válidas para "no poder" hacer lo que dices que quieres hacer. Después de todo, las excusas son para personas irresponsables y ciertamente no tu no lo eres.

Sin embargo, estas excusas no son más que falsas creencias que nos decimos a nosotros mismos continuamente. No te preocupes, todos las tenemos y desafortunadamente son las causantes de muchas de nuestras frustraciones y decepciones en la vida.

Bueno, si hay algo que dices que quieres hacer, pero continuamente tienes una razón para no hacerlo, solo hay dos explicaciones posibles para eso:

1. No quieres hacerlo realmente, pero lo sigues diciendo

por costumbre o porque piensas que "deberías" querer hacerlo.

2. Realmente quieres hacerlo, pero es arriesgado, y te obligara a salir de tu zona de confort, o puede molestar a alguien que te importa.

Si la respuesta a tu escenario es la #1, entonces por todos los medios deja de decir que es algo que quieres hacer. Déjalo ir. Dale un cierre al asunto, así podrás liberar tu espacio mental y emocional para que puedas perseguir algo que realmente quieres hacer.

Si la respuesta para ti es la #2, entonces lo más probable es que estés siendo dominado por tus falsas creencias. Y aunque sigues anhelando tu deseo, has encontrado una razón lógica de porque no puedes hacerlo o no es para ti. Esto puede ser frustrante, pero te mantiene a salvo.

¿Cómo suenan las falsas creencias? En caso de que no hayas escuchado la ruidosa voz que llevas contigo en tu cabeza todos los días, aquí hay una lista de algunas de las más comunes:

- **Mejor empiezo la próxima semana.**
- **Hay cosas que no se pueden cambiar.**
- **Una vez más, y ya.**
- **Esta es la única forma de vida que puedo tener.**
- **No soy lo suficientemente bueno, no lo merezco.**

¿Alguna de estas frases te suena familiar?

Las falsas creencias no existirían si no nos sirvieran de alguna manera. Es difícil profundizar un poco y admitirlo, pero si no, ¿por qué las aceptaríamos? ¿simplemente para torturarnos? Nos mantienen a salvo y nos evitan cualquier tipo de esfuerzo,

entre otros beneficios:
- Si empiezo la próxima semana no requiero tomar ninguna acción ahora. Y probablemente en una semana habré olvidado el asunto o encuentre otra excusa para posponerlo.
- Todos tenemos miedo al cambio. Lo nuevo o desconocido puede llegar a ser intimidante. Y ¿si nos equivocamos o fracasamos? Es más fácil evitarse la pena y simplemente limitarse a creer "que no se puede cambiar". Lo viejo y rutinario es "familiar", lo cual suele sentirse bien.
- "Una vez más y ya" es una actitud muy común cuando hablamos de vicios, adicciones o en algunos casos relaciones interpersonales. La persona no está preparada para hacer el cambio, probablemente porque no desea realmente hacerlo, pero sabe que es nocivo para su bienestar o salud.
- Cuando nos limitamos en cuanto al tipo de vida que podemos tener o merecemos, adoptamos una actitud de victimismo que nos mantiene estancados, ¿por qué querríamos esto? Simple, para poder quejarnos de nuestra situación y ser compadecidos por los demás.
- Me permite tener razón sobre mí mismo (ejemplo: "¡Ves, te dije que no era lo suficientemente bueno!")

Después de todo, es más fácil seguir la corriente, mantener el *status quo* y bajar el volumen de las cosas que realmente deseamos, especialmente cuando pueden ser un poco diferentes a lo que la mayoría de las personas con las que entramos en contacto consideran apropiado. Al menos parece más fácil, pero tiene un costo y ese costo puede ser cualquier cosa, desde la falta de satisfacción y la chispa en nuestras vidas hasta la depresión o la enfermedad.

La primera clave para romper tus falsas creencias es

identificarlas y luego entender el beneficio que obtienes al usarlas.
1. Enumera 3 cosas que regularmente dices que quieres tener o hacer.
2. Enumera las razones que te dices a ti mismo y a los demás de por qué no puedes tener ni hacer esas cosas.
3. Aplica la prueba anterior en este capítulo para determinar si realmente quieres lo que dices que quieres o no.

a. Si la respuesta es no, entonces por todos los medios déjalo ir.

b. Si la respuesta es sí, sigue leyendo.

Una vez que hayas establecido tu lista de lo que realmente quieres y las falsas creencias que te dices a ti mismo para no obtenerlo o para no hacerlo (o postergarlo), es el momento de profundizar e identificar tu recompensa por no conseguir lo que quieres.
1. Haz una lista de todas las cosas "malas" que temes que puedan pasar si te arriesgas a conseguir lo que quieres. Sé totalmente honesto y cubre todas las bases, incluyendo el peor de los casos que puedas imaginar. (por ejemplo: si cambio mi profesión, me puedo quedar en la ruina y terminaré viviendo en la calle).
2. Mira lo que escribiste en el último paso y califica cada uno en términos de probabilidad de que tu miedo ocurra realmente usando una escala de 1 (no probable) a 5 (absolutamente seguro).

Lo que encontrarás es que es bastante improbable que algo terrible suceda (como terminar viviendo en la calle) si haces lo que quieres hacer. Y, si algo inesperado o no deseado ocurre, confía en que encontrarás una manera de manejarlo.

Así que haz esa lista de cosas que realmente quieres hacer y crea un plan para hacer que suceda no "algún día" sino hoy.

8. CONSTRUYENDO HÁBITOS POSITIVOS

8.1 Ventajas de cultivar hábitos positivos

Si cada mañana despiertas sin tener idea de cómo vas a pasar el día, probablemente tengas claro desde un inicio que no será un día muy productivo.

El lujo de despertarse y no tener planes para para el día es algo con lo que todos soñamos y nos encantaría hacerlo realidad tanto como pudiéramos, no solo los fines de semana y durante las vacaciones. Sin embargo, la manera más efectiva de convertirse en una persona productiva es no desperdiciar el día sin tener metas o planes para él.

En el entorno económico actual, con su incertidumbre y el aumento de los costos, los empresarios y planificadores financieros sugieren que la gente tome nota de cada peso que gasta para poder ver a dónde va su dinero cada semana e incluso cada día. La gente puede entonces utilizar esta información para ayudarles a planificar dónde pueden recortar los gastos de su presupuesto y utilizar ese dinero para pagar las facturas inesperadas o para ahorrar para cuando sea necesario.

Esto no solo aplica en los negocios y el dinero. Valorar nuestro tiempo de la misma manera en que lo hacemos con el dinero, nos ayudará a ser más efectivos en nuestro trabajo y en nuestra vida diaria, mientras intentamos hacer malabares con todas las responsabilidades de nuestras vidas y aun así poder proporcionarnos un tiempo de sobra para nosotros mismos.

Cultivar hábitos positivos que nos permitan obtener estos beneficios es exactamente lo que necesitamos.

Trata de acostumbrarte a planear tus días. Cada noche, antes de ir a la cama, haz una lista mentalmente de las cosas que sabes que tienes hacer e intenta crear un plan de acción. No olvides incluir tiempo para ti en el plan. Cuidar de ti mismo es tan importante como cuidar de los demás para lograr el equilibrio en la vida. Cuando hayas tomado una nota mental de estas cosas, intenta tomarte unos minutos para escribirlas en un papel.

Todo esto puede parecer innecesariamente laborioso. Sin embargo, no hay nada más satisfactorio que llegar al final del día y ver que lo que estaba en la lista de cosas por hacer al principio del día ahora se encuentra tachado o marcado, ya sea en el papel o en tu mente.

Aunque pueda parecer lo contrario, crear una vida ordenada con hábitos positivos dará un importante giro en tu vida:

- Te dará más oportunidades de tiempo libre en lugar de menos tiempo y difícilmente te encontrarás olvidando las cosas que prometiste hacer por los demás.
- Empezarás a notar que tu habilidad para hacer más cosas en menos tiempo irá incrementando, en otras palabras, te convertirás en un maestro de la eficiencia.
- Al llevar una vida organizada tus niveles de estrés y ansiedad se reducirán en gran medida, ya que tendrás una sensación de control.
- A todos nos gusta seguir un buen ejemplo, así que prepárate para ser reconocido como un líder por tus allegados, colegas y amigos.

8.2 Pasos para construir hábitos positivos

Nada permanece igual. Por un lado, tememos al cambio, pero

por otro lado no queremos estancarnos y aburrirnos. Sin embargo, *nuestros hábitos nos mantienen atrapados en un curso de acción día tras día, año tras año.* La forma en que pensamos, la forma en que nos comportamos, la forma en que experimentamos las cosas, la forma en que reaccionamos a los incidentes, **todo está dominado por nuestros hábitos.**

Nuestros hábitos son tan fuertes y están tan arraigados dentro de nosotros que la mayoría de las veces ni siquiera podemos reconocerlos. Sean cuales sean nuestros hábitos, nos mantienen fijos en una perspectiva o comportamiento particular. Cuando son negativos, **nos impiden alcanzar nuestro potencial.**

Nuestros hábitos son básicamente actos involuntarios que realizamos sin intención y sin pensar. *Simplemente somos ellos.* Sí, somos nuestros hábitos. Ya sea que te falte confianza, te cueste tomar decisiones, llegues siempre tarde a una cita, no puedas decir que no, te sientas solo, pienses que los demás siempre son mejores que tú, esos son los hábitos. En fin, esas son las malas noticias.

La buena noticia es que puedes cambiarlos. El cambio se basa en la elección. Una vez que te das cuenta de cuáles son tus hábitos, tienes más posibilidades de cambiarlos. Puede que no sea fácil. Puede ser doloroso, a veces, pero también es divertido y gratificante porque estás cambiando tu vida. Te estás abriendo a ver las posibilidades de tu potencial, de lo que eres capaz.

La historia nos muestra que hay cuatro ingredientes clave para cambiar los hábitos con éxito:

1. Reflexión
2. Realización
3. Resolución
4. Esfuerzo sostenido

Explicaremos los pasos a seguir poniendo un ejemplo. Todo lo que tienes que hacer es imaginar que eres el jardinero de tu vida:

Reflexiona sobre el estado de tu jardín. Tienes que aprender a distinguir cuales son las malas hierbas y cuáles son las flores.

Elimina las malas hierbas. Reemplaza las malas hierbas por flores y haz un esfuerzo sostenido para mantener el jardín libre de las malas hierbas que no quieres.

Así que... ¿Cuál es la maleza más grande de tu jardín? ¿Qué hábito te causa más dolor?
¿Qué es lo que mantiene esta hierba en su lugar? ¿Qué te impide arrancarla?

Mira todos los obstáculos y piensa en el mejor método para erradicar la hierba. Recuerda que algunas malezas no salen al primer tirón. Dejan una pequeña raíz detrás. Algunas pueden eliminarse más efectivamente con un herbicida que de un solo tirón. Busca el mejor método de acuerdo al tipo de maleza.
Ahora, ¿qué flor te gustaría plantar en su lugar? ¿Qué comportamiento te gustaría poner en lugar del hábito negativo? Necesitarás algo porque todos los que hemos cambiado de hábitos somos conscientes de la necesidad de un comportamiento transitorio. Un buen ejemplo es dejar de fumar. El comportamiento transitorio es: algo que hacer con las manos, en lugar de sostener un cigarrillo puedes probar con goma de mascar o un dulce al momento en que sientas la necesidad de fumar.

Entonces, ¿qué flor te gustaría poner en lugar de tu hierba mala?

La siguiente fase es la clave del éxito.

Para todos los jardineros la siguiente fase es la más fácil y a la vez la más difícil. **Hacer un esfuerzo sostenido y constante para mantener la hierba mala fuera del jardín**. Esta es la clave. Es tan fácil decir que ya está hecho y marcharte. El esfuerzo sostenido también puede ser llamado disciplina y motivación.

Dile a los demás lo que estás haciendo. Evita los incidentes que automáticamente activan la hierba mala. Mantente enfocado en la nueva flor. Haz un esfuerzo por mantener la nueva flor regada y el área alrededor de ella libre de malezas. Aliméntala, fertilízala, háblale. Gradualmente la nueva flor florecerá y la vieja hierba desaparecerá.

8.3 ¿Cómo conseguir la disciplina?

En ocasiones desearías ir a dar un paseo, sabiendo lo bueno que es para tu salud y lo fantástico que te sentirás después; sin embargo, te sientes un poco cansado y te gustaría ver la televisión en su lugar. Puede que seas consciente del hecho de que tienes que cambiar tus hábitos alimenticios o dejar de fumar, aun así, no tienes el poder interior y la determinación para alterar estos hábitos.

¿Te resulta familiar? ¿Cuántas veces has dicho *"desearía tener fuerza de voluntad y autodisciplina"*? ¿Cuántas veces has empezado a hacer algo, solo para dejarlo después de un corto tiempo? Todos hemos tenido experiencias como estas.

Todo el mundo tiene algunas adicciones o hábitos que desearían poder superar, como fumar, comer en exceso, la pereza, la postergación o la falta de autoconfianza. Para dominar estos hábitos o adicciones, uno necesita tener fuerza de voluntad y disciplina. Estos elementos hacen una gran diferencia en la vida de todos, otorgando la fuerza interior, el autodominio y el poder de decisión.

La disciplina es el poder de dominar la pereza y la postergación. Es el poder de ordenar o rechazar impulsos innecesarios o perjudiciales. Es el poder de llegar a una decisión y seguirla con tenacidad hasta su un logro exitoso.

Es la fuerza interior que supera el deseo de complacerse en lo innecesario y los hábitos inútiles.

La autodisciplina es la asociada a la fuerza de voluntad. Imparte el poder de soportar las adversidades y los problemas, ya sean físicos, emocionales o mentales. Asigna el poder de **rechazar la satisfacción inmediata**, con el fin de conseguir algo mejor, pero que requiere esfuerzo y tiempo.

Hablemos con sinceridad, ¿normalmente completas lo que empiezas? ¿Posees suficiente capacidad interior o fuerza para seguir con lo que empiezas a hacer?

¿Cuántas veces has empezado a hacer algo con tenacidad y energía, y luego perdiste el entusiasmo y vigor después de unos días?

¿Cuántas veces te has hecho promesas a ti mismo y a otras personas, con la intención de cumplirlas, solo para olvidarlas después de un tiempo?

Algunas de las razones por las que esto nos sucede suelen ser las siguientes:

- No queremos realmente lo que empezamos a hacer.
- Requiere demasiado tiempo o dinero que no estamos dispuestos a invertir.
- Encontramos que hay cosas más cruciales que

queremos.
- Tenemos la sensación de que no es lo correcto.

A menudo, hacemos promesas y empezamos a hacer cosas sin ningún tipo de pensamiento y análisis previo. Empezamos a hacer cosas debido a un impulso temporal, en respuesta a algo que vimos u oímos, pero cuando la emoción disminuye, también lo hacen las ganas de seguir adelante.

9. ELIMINANDO HÁBITOS NEGATIVOS

9.1 Desventajas de tener hábitos negativos

Es un hecho, **tus malos hábitos limitan tu éxito en la vida.** Es fundamental reentrenar o reprogramar tu mente para desarrollar buenos hábitos, pero también deshacerse de los hábitos negativos es un gran comienzo para una vida mejor.

A continuación, se presentan algunas maneras en que los hábitos negativos pueden estar afectando tu vida, así como sugerencias sobre cómo erradicarlos.

1. **Esperando la oportunidad.** ¿Debería estar "esperando a que mi nave aterrice", mientras otros están ahí fuera construyendo naves? Esperar no invita a las oportunidades, el trabajo sí. Empieza a buscar oportunidades y a crearlas. Entrenar tu mente para verlas puede ser tan simple como buscarlas. Luego entrénate para aprovecharlas dando siempre un pequeño paso en el momento en que reconozcas una oportunidad.

2. **Pensamiento a corto plazo.** Hablé con un hombre que pagaba $700 por mes de alquiler cuando un lugar más agradable estaba disponible por $550. ¿Por qué lo hizo? El apartamento de 700 dólares no requería un depósito, pero el lugar más barato requería un depósito de 450 dólares, por lo que habría tenido que ahorrar 1.000 dólares (en lugar de 700 dólares) para mudarse. Debido a su pensamiento a corto plazo, ahora paga 1.800 dólares más de alquiler cada año. Considera las consecuencias a largo plazo de tus acciones, y anótalas siempre que tengas que tomar una decisión importante. Continúa así hasta que tu mente lo haga

automáticamente.
3. **Acciones impulsivas.** Normalmente cambiamos de opinión sobre las decisiones impulsivas al día siguiente. Espera un día antes de tomar cualquier acción que comprometa tiempo, energía o dinero hacia algo que no sea una meta importante en tu vida. Hazlo hasta que sea un hábito.

4. **Culpar**. Justificado o no, ¿con qué frecuencia culpar a alguien o algo por nuestra situación nos motiva a mejorarla? Definitivamente es uno de los peores hábitos negativos, y uno de los más sutiles también. Quién es más probable que tenga éxito, el hombre que culpa a los demás por sus problemas, o el que siempre se pregunta "¿qué puedo hacer para tener éxito con las cosas como están?" Si quieres un mayor éxito, entrena tu mente para pensar como el último. ¿Quieres señalar los problemas, o resolverlos?

5. **Postergación**. Sabemos que, a menudo, "más tarde" se convierte en "nunca". Para dejar de postergar, acostúmbrate a buscar y a hacer el primer paso más fácil que puedas encontrar. Generalmente, el simple hecho de empezar desarrollará tu motivación.

Tal vez has escuchado el dicho "Si cambias tu mentalidad, cambia tu vida". Entonces, ¿cómo podemos cambiar la mentalidad? Un buen comienzo es corregir tus malos hábitos, uno por uno. ¿Por qué no trabajar en uno hoy?

9.2 ¿Cuándo un hábito negativo se vuelve una adicción?

Muchas personas van por la vida sintiendo que cada día es el mismo, como un patrón repetido que sigue y sigue. Para ellos, no hay nada nuevo que hacer bajo el sol, y ningún lugar a

donde ir. Todo es simplemente aburrido, aburrido, aburrido.
Trabajan tan duro para ganar suficiente dinero para poder
entretenerse, pero aun así su tiempo de disfrute pasa tan
rápido. Sufren cinco días, disfrutan de dos días. A veces, para
romper la monotonía, buscan la emoción a través de los
agentes tóxicos (alcohol, humo), el sexo, e incluso las drogas.
Con estos placeres temporales, se sienten excitados mientras
están bajo su influencia, pero una vez que termina el efecto, el
mismo patrón de falta de sentido se establece, y se quedan
pensando "¿cuándo puedo volver a sentirme así?"

Nos volvemos físicamente adictos a los estados emocionales.
Ahí reside el poder del pensamiento negativo. Reforzamos las
vías neurológicas mediante la repetición de pensamientos y
asociaciones, de modo que automáticamente encendemos las
cintas autodestructivas. Sentimos resentimiento, ira, dolor,
desesperanza y miedo, a menudo innecesariamente. Nos
habituamos a sentirnos así.

¿Qué tan difícil puede ser la vida de un adulto funcional?
¿Entonces, por qué luchamos tanto? La depresión y los
trastornos de ansiedad son una epidemia en nuestra sociedad.
Los problemas de salud relacionados con el estrés amenazan
la calidad y duración de nuestras vidas. El alcoholismo y la
drogadicción tocan muchas de nuestras vidas y reflejan
nuestros intentos de encontrar la liberación o escapar de la
presión y del fracaso.

¿Estamos siquiera construidos para soportar la tensión de
nuestro mundo cada vez más mecanizado? Nos adaptamos,
pero, ¿a qué costo? La gente se mueve de un trabajo a otro, de
un estado a otro, debilitando el vínculo con la comunidad y la
familia.

Nos vemos cada vez más obligados a depender de nuestros

propios recursos internos y tenemos un repertorio limitado de estrategias mentales y emocionales de las que sacar provecho. Nuestra inteligencia emocional puede que no esté a la altura de procesar y resolver la gran cantidad de desafíos que enfrentamos, especialmente cuando se trata de nuestras relaciones.

Muchas personas deprimidas, ansiosas o adictas no se dan cuenta de las verdaderas razones de su miseria. Ellos ven la respuesta inmediata, lo que desencadenó la negatividad esta vez.

Verás este patrón en los adictos. Drogadictos, adictos al sexo, adictos al alcohol. Siempre están buscando la mayor emoción y el siguiente pico de placer, y eso es lo que pone su vida en una espiral descendente. Desperdician su tiempo, energía y dinero, en lugar de utilizarlo para construir el éxito.

Para que la vida tenga entusiasmo, todos necesitamos esa sensación natural de impulso, anticipación y emoción. Cuando uno no sabe cómo conseguirlo de forma natural, puede recurrir a los vicios para estimular esa sensación de estar plenamente vivo, tratando desesperadamente de dar algún sentido a la vida. Pero ya ves, la felicidad está dentro de ti.

Si no puedes satisfacer tus deseos, entonces, el otro camino a la felicidad es liberarlos. Suelta lo que necesitas. El Buda Shakyamuni dijo que, "Todo deseo lleva al sufrimiento..." Se sufre porque se anhela lo que no se tiene. Y déjame preguntarte esto: ¿Este anhelo es auto-creado? ¿O es algo impuesto por el mundo exterior?

Como sea que fuera, está dentro de nuestro poder controlarlo o liberarlo por completo.

En lugar de gastar tiempo, energía y dinero en vicios, puedes invertirlo en crear una espiral ascendente de éxito. Al liberar tu deseo de placeres temporales, sacas el mal hábito por la puerta.

El problema básico detrás del alcoholismo y el abuso de drogas es que la gente no encuentra la felicidad y la satisfacción de forma natural. Así que intentan alcanzar la felicidad y la satisfacción (o escapar de su infelicidad y vacío) usando alcohol o drogas. Pero esas vendas normalmente terminan llevando a mucha más infelicidad, problemas de salud, problemas financieros, rupturas de relaciones, problemas legales, etc. Mucho daño oculto se hace mientras se está en una euforia robada.

El hecho es que, si una persona tiene sus impulsos naturales insatisfechos durante más de un período de tiempo, es común que haga un esfuerzo por encontrar la satisfacción inmediata como el abuso de sustancias tóxicas; sin embargo, con el tiempo, la frustración y la desesperanza se harán presentes, lo que puede hacer que se sienta más apagada y deprimida que en un principio.

9.3 Pasos para destruir hábitos negativos

"Necesitamos pensar de manera diferente para cambiar nuestros paradigmas a un nuevo, más profundo nivel de dentro hacia fuera"[1]
Stephen R. Covey.

En los **Siete Hábitos de las Personas Altamente Efectivas**, Stephen R. Covey describe los hábitos como "patrones consistentes, a menudo inconscientes, que expresan constantemente y a diario nuestro carácter y producen nuestra eficacia o ineficacia".

Quiénes somos y en qué nos convertimos es un resultado directo de nuestros hábitos. Es en el ámbito de los hábitos donde nuestro carácter nace, se nutre y se expresa exteriormente. Lo que vemos desde el exterior es un reflejo directo de esos hábitos profundamente arraigados que se han ido incorporando a nuestra mente de manera gradual, constante y consistente.

Nuestro comportamiento está por lo tanto influenciado por estos hábitos, que con el tiempo se han enraizado tan profundamente en nuestras mentes que cambiarlos es como intentar separar montañas con nuestras propias manos.

Librarse de estos hábitos profundamente arraigados es una tarea difícil, especialmente si se han adquirido por un largo período de tiempo. *Cuanto más tiempo se tarda en adquirir ciertos hábitos, más difícil es superarlos.* Y esto no es necesariamente algo malo, especialmente si los hábitos adquiridos son positivos. Los hábitos positivos deben ser fomentados, incluso desarrollados donde no existen.

El éxito viene de los comportamientos, que comienzan como pensamientos. **Para cambiar tus hábitos o conductas, necesitarás tener pensamientos diferentes**. Lo que ocupa tu mente te impulsa a comportarte de cierta manera. Si no te gustan los resultados de tu comportamiento, todo lo que necesitas hacer es cambiar tus pensamientos.

Renovar o pasar de nuestros pensamientos actuales a los que deseamos provoca una transformación o cambio en nuestras vidas inevitablemente. Esto es lo que se conoce como tener un cambio de paradigma, adoptar una nueva forma de pensar, de hacer las cosas y de comportarse.

Lo bueno de los hábitos es que se adquieren con el tiempo a

través del aprendizaje, los matices, el lavado de cerebro y las experiencias. Ya que se adquieren, pueden ser reemplazados cambiando los patrones de pensamiento que los fomentaron en primer lugar.

El primer paso para reemplazar los patrones de pensamiento negativos y autolimitantes, mejor conocidos como "patrones mentales de fracaso", es **establecer como objetivo reducir el impacto de estos patrones**. Y esto no puede hacerse de la noche a la mañana. Así como tomó tiempo adquirir estos patrones mentales de fracaso, tomará tiempo liberarlos y reemplazarlos con "patrones mentales de éxito".

Muchas veces nos sentimos frustrados por nuestra incapacidad de controlar estos patrones de fracaso. Nos encontramos librando una batalla perdida con la mente haciendo el mismo mal que no queríamos hacer, una y otra vez.

Es como estar en una encrucijada. Por un lado, están los viejos patrones de fracaso que nos limitan, y por el otro, nuestro deseo de liberarnos de ellos con la consciencia de que existe una mejor manera de hacer las cosas, pero sin lograr acceder a ella.

Las personas altamente exitosas son aquellas que se liberan de sus patrones de fracaso **eliminando las distracciones**, y este sería **el segundo paso.** Cuando no tienes un patrón de fracaso que limite tu progreso, eres capaz de superar los reveses temporales a nivel de pensamiento. Ya que la batalla por el éxito se gana o se pierde en el nivel de pensamiento, tu éxito o fracaso en este campo es lo que te hace exitoso o no.

El tercer paso es aprender a **controlar tus patrones de pensamiento**, ya que el éxito viene naturalmente cuando haces esto. Si aprendes a controlar tus pensamientos, no te sentirás tentado a actuar en contra de lo que sabes que es lo mejor. Puedes mantener el miedo al mínimo. No encontrarás duda en ninguna parte.

¿Pero cómo se desaprenden los patrones de pensamiento limitantes que se han acumulado desde la infancia? ¿Cómo se rompen los innumerables bloqueos de hábitos negativos que han sido inculcados y cementados en la mente desde que nacimos? Decirte simplemente que cambies tu paradigma sería tan vano como decirle a una persona hambrienta que se llene sin darle comida.

Lo que oímos, vemos, experimentamos o sentimos tiene una relación directa con la formación de nuestros hábitos, los cuales son informados por los pensamientos, y que luego son actuados en forma de comportamiento.

Los pensamientos son la base sobre la que se forman nuestros hábitos. Estos hábitos, dependiendo de su naturaleza, a su vez informan nuestras acciones o comportamiento y el éxito o la falta de él depende únicamente de las acciones que tomamos.

Digamos que tu deseo es iniciar un negocio propio, para dar ese primer paso, lo que tienes que hacer primero es desaprender la mentalidad de los empleados y empezar a verte a sí mismo como un empresario exitoso.

Pero lograr este cambio de paradigma no es suficiente. ¿Qué pasa con todos los años en los que te dijeron que tenías que estudiar duro para que al crecer pudieras conseguir un trabajo estable? Romper con este molde de pensamiento y empezar a verse o a pensarse a sí mismo como un empresario exitoso requiere mucho más que afirmaciones positivas de *"puedo hacerlo"*.

Sin embargo, si "puedo hacerlo" está fuera de tu patrón de pensamiento, entonces, no importa cuánto lo intentes no podrás hacerlo.

Pero no es suficiente. Tienes que creer con todo tu corazón que puedes hacerlo, dejar las dudas y los miedos a un lado y confiar en tu potencial por completo. Sin duda, tus pensamientos definen la clase de persona en la que te conviertes. Incontables veces culpamos a las circunstancias externas, mientras que en realidad la causa principal de nuestro fracaso se encuentra en nuestros patrones de pensamiento.

9.4 Factores comunes que te dificultan romper un hábito

Muchas personas luchan por romper los malos hábitos de su pasado y crear nuevos y saludables hábitos para su futuro. Es mucho más fácil continuar viviendo de la manera que es normal para nosotros que luchar por una vida mejor.

Si, por ejemplo, estamos acostumbrados a ver horas interminables de televisión cada noche, sin duda será difícil para nosotros ganar la batalla de romper ese hábito. Será aún más difícil reemplazar la televisión por formas constructivas y saludables de pasar el tiempo como el ejercicio o la lectura.

La batalla para disciplinarnos y cambiar nuestros hábitos es ciertamente una de las más duras que enfrentamos. Es mucho más fácil dejar que nuestras vidas ocurran que ser intencionados en nuestras elecciones y formar hábitos proactivos en lugar de sentarnos mientras nuestros hábitos se forman para nosotros.

El camino hacia el cambio debe comenzar con un profundo

sentido de la convicción. Debemos estar convencidos no solo de que la victoria en la batalla es posible, sino también de que ganar la batalla de la disciplina en nuestras vidas es importante.

Nunca nos quedaremos mucho tiempo en una tarea que creemos que no es importante. Siempre serán las cosas a las que damos mayor valor las que recibirán nuestro tiempo y esfuerzos, por lo que cada persona debe llegar al punto donde la condición de su vida indisciplinada sea lo suficientemente importante como para trabajar.

Determinar que la batalla por cambiar y erradicar hábitos negativos es una que vale la pena luchar, es el primero de muchos pasos para lograr un tipo de vida diferente.
Debes tomarte el tiempo para evaluar no solo tu vida actual sino también el tipo de vida por el que quieres trabajar. Esta evaluación es básicamente un proceso de definir algunos objetivos para ti mismo.

¿En qué batallas quieres centrarte ahora? ¿Es importante para ti sembrar el hábito de la lectura o prefieres gastar tus energías tratando de dejar de fumar primero? No avances en el intento de luchar contra tus hábitos negativos hasta que hayas definido claramente cuáles son y cómo quieres cambiarlos.

Una vez que tengas tus "metas de batalla" como las llamaremos, lo importante es simplemente empezar. Empieza a abordar cualquier objetivo que hayas elegido, solo asegúrate de empezar.

La etapa más difícil de cualquier batalla es el comienzo, así que simplemente tienes que elegir un día y empezar. Si tu objetivo final es correr un maratón, puedes empezar por salir y correr durante cinco minutos. En las etapas iniciales de la batalla recuerda que cualquier cosa es mejor que nada. Sin duda, vendrán días de batallas más severas y de disciplina, así que, por ahora, solo muévete.

Rápidamente te darás cuenta de que la batalla por cambiar tus hábitos es dura y larga. Sin embargo, también te darás cuenta de que la batalla vale la pena.

10. CONSEJOS ADICIONALES

10.1 Nunca dejes de aprender

Una de las mejores cosas de la vida es que nunca tenemos que dejar de aprender. Somos afortunados. Vivimos en una era en donde la información está al alcance de unos cuantos clics. A diario podemos acceder a nuevas técnicas o habilidades que podemos adoptar fácilmente y maximizar nuestro potencial.

Si miras de cerca a las personas más exitosas del mundo, te darás cuenta que, a pesar de haber alcanzado el éxito, siguen viviendo un proceso de constante aprendizaje, y la mejor parte es que no lo hacen como una obligación, sino todo lo contrario, lo hacen por el placer de vivir.

El millonario Warren Buffet pasa la mayor parte de su tiempo leyendo.

Para poder vivir nuestra vida al máximo, es importante comprender que siempre debemos buscar formas de mejorar. Esto no solo te hará ser más exitoso, sino también más feliz.

Aprender cosas nuevas nos permite seguir alcanzando logros, lo cual nos hace sentir realizados y, entre más ambiciosos sean esos logros, mayor será la satisfacción.

Nunca cometas el error de pensar que ya lo sabes todo. Nuestro mundo está en constante cambio. Cada día surge algo nuevo, créeme que lo último que quieres es convertirte en una persona obsoleta. La persona que mejor se adapta, es la que termina en primer lugar.

Entre más conocimiento adquieras, te volverás más indispensable para tu equipo. ¿O acaso prefieres ser uno más del montón?

La vida tiene mucho que ofrecer, solo tenemos que estar dispuestos a recibir y aprender de ella. Haz del continuo aprendizaje una parte vital de tu rutina, créeme que es la mejor inversión de tiempo que puedes hacer en ti.

10.2 Disfruta la vida

Como ya sabes, algunas de las metas más comunes de las personas son perder peso, dejar de fumar, ahorrar dinero, etc. ¿No has pensado que, en lugar de proponerte a hacer cosas que pueden causarte estrés, por qué no decidirse a ser feliz y disfrutar más de la vida?

Tómate unos minutos para escribir las cosas que te hacen feliz. ¿Es tu familia? ¿Tu trabajo? ¿Tomar tiempo para jugar al golf, tocar el piano, ver películas u otras actividades de ocio?

¿Hay cosas en tu vida que te hacen infeliz? ¿Tu jefe? ¿Tus facturas? Hay muchas cosas en la vida que pueden hacerte sentir estresado, enojado, triste o infeliz. Tómate un momento para escribir las cosas de tu vida que te hacen feliz e infeliz.

Elige una de ellas y resuelve arreglar esa situación. Si tratar con tus suegros no te hace feliz, hazle saber a tu pareja que no contestarás el teléfono cuando te llamen. Simplemente minimizando las interacciones con las cosas que te estresan es una manera de resolver las cosas.

Otra forma de disfrutar más de la vida es lidiar con la raíz del problema. Si no puedes soportar la hora de ir al trabajo, entonces tal vez sea el momento de conseguir un nuevo trabajo. No tengas miedo de intentar algo grande este año. Conseguir un nuevo trabajo puede sonar intimidante, pero puede mejorar todos los aspectos de tu vida si consigues un trabajo que te guste.

Digamos que tu trabajo te causa mucho estrés. Esto puede ser porque no estás bien adaptado a tu trabajo, por desacuerdos con tus compañeros de trabajo, o porque sientes que hay pocas oportunidades de ascenso. Imagina cómo podría ser tu vida con un nuevo trabajo. Podrías ganar más dinero. Cuando vuelvas a casa del trabajo, no descargarás tu ira y estrés con tu familia y amigos.

Podrías disfrutar haciendo tu trabajo de una vez por todas, lo que lo convertiría en un placer y una tarea menor. Estas compensaciones muestran que elegir hacer un gran cambio en la vida puede ser el camino a seguir. Sí, encontrar un nuevo trabajo, una nueva casa o una nueva pareja, puede parecer una prueba desafiante; no obstante, una vez que lo hayas conseguido, estarás en una mejor posición. En lugar de quedarte en una rutina que te deprime constantemente, esta podría ser tu oportunidad para salir de esa vida rutinaria y disfrutar cada instante de ella.

10.3 Ten un momento solo para ti

¡Vivimos en un mundo muy ocupado! No vivimos en una época en la que normalmente puedas relajarte y disfrutar de tu vida, o cosechar las recompensas de tu duro trabajo a lo largo de los años. ¡Hay demasiado que hacer!

Hay muchas responsabilidades que cada uno de nosotros tiene. A veces creemos que, si no hacemos todo el trabajo, esto seguramente causará que el cielo se caiga, invertirá las leyes de la física, y causará una enorme grieta en el continuo espacio/tiempo.

Todos lo hemos oído antes: si sigues haciendo las mismas cosas, seguirás obteniendo los mismos resultados. No importa lo mucho que lo intentes, no encontrarás tiempo para ti mismo a menos que hagas algo de tiempo para ti mismo.

Tienes que decidir conscientemente y comprometerte a seguir tu plan de acción. Comienza con tu calendario. Decide ahora si quieres 15 minutos diarios de nada o una tarde entera semanal de nada. En otras palabras, tiempo para ti.

No es una idea nueva programar un tiempo para ti mismo. Lo que puede ser nuevo es que en realidad vas a escribir con bolígrafo la palabra "Nada" cada semana (o día) en tu calendario. Debes estar de acuerdo en tratar ese tiempo como si fuera una cita con el dentista. No programarás nada más en ese marco de tiempo.

Tu cuerpo fue creado para necesitar tiempo de inactividad. ¿Todavía no estás convencido? Considera los estudios de producción de cualquier lugar de trabajo. Algunos empleados están presionando por cuatro días de 10 horas en lugar de cinco días de ocho horas. Sin embargo, los estudios muestran que la productividad disminuye significativamente después de ocho horas de trabajo. Pueden estar presentes durante diez horas, pero solo serán plenamente productivos durante ocho.
Todo lo que realmente necesitas es hacer un esfuerzo consciente de que harás tiempo y que no permitirás que las influencias externas interfieran con tu muy necesario tiempo para ti mismo.

Recuerda que siempre tienes una elección. Estás tan ocupado y abrumado como te permitas estarlo.

10.4 Siempre haz una autoevaluación

Hacer cambios en la vida es grandioso y es la forma en que crecemos y nos desarrollamos como personas. El cambio es un proceso constante y parte del ser humano. Cuando te embarcas en algún cambio de hábito o en el alcance de alguna meta tienes que saber en dónde estás. Mientras no sepas dónde te encuentras, será difícil hacer el cambio de manera efectiva. Tienes que empezar con una referencia, un punto de partida.

Empezar con una referencia se trata de descubrir dónde estás y qué estás haciendo para que sepas exactamente qué es lo que hay que cambiar. Puede sonar extraño, pero muchos de nosotros no somos conscientes de lo que hacemos.

Cuando algunas personas me dicen que quieren perder peso, lo primero que les recomiendo es que lleven un diario de comidas durante una semana para obtener una evaluación inicial. Por lo general, a la primera semana se sorprenden al ver no solo cuánto comían, sino también qué comían. Muchos de nosotros estamos en piloto automático y simplemente no somos conscientes de lo que estamos haciendo. Cuando lo monitoreas y llevas un adecuado registro, y esto funciona con cualquier cosa, adquieres una imagen real de dónde estás y qué necesitas cambiar.

Una vez leí una estadística que decía que la mayoría de la gente gasta constantemente un 10% más del dinero que gana. Creo que eso es cierto, y es porque lo que se gasta, especialmente en una tarjeta de crédito, no es controlado o no se lleva ninguna clase de seguimiento.

En una ocasión una de mis colegas se quejaba porque no tenía suficiente tiempo para lograr todo lo que necesitaba hacer. Cuando ella rastreó su tiempo por una semana se dio cuenta dolorosamente de que estaba pasando horas frente a la televisión.

El primer paso para el cambio es la conciencia. Tienes que ser consciente de lo que estás haciendo con tu tiempo para determinar exactamente dónde estás antes de que puedas seguir adelante. Llevar la cuenta durante una o dos semanas te proporcionará información valiosa que apoyará tu esfuerzo de cambio.

Antes de embarcarte en cualquier tipo de meta u objetivo tienes que saber dónde estás. Lo comparo con esos mapas de viaje que tienen una X impresa junto a "Estás aquí". Hasta que no sepas exactamente dónde estás, y muchos de nosotros no tenemos ni idea, será imposible hacer el cambio necesario.
Esto te dará una idea realista de lo que estás haciendo y cómo estás organizando y llevando tu día a día. Puedes registrar cualquier cosa, desde cuánto dinero gastas hasta cuántas horas de sueño tienes. Una vez que sepas la verdad sobre dónde estás, puedes proceder.

10.5 Siempre sé positivo en todo lo que haces

Si quieres avanzar en la vida, es hora de reemplazar lo negativo con lo positivo.

La mayoría de nosotros no somos conscientes de la cantidad de influencias negativas en nuestras vidas. Diariamente somos bombardeados con mensajes negativos de los medios de comunicación, de la gente que nos rodea, y lo más dañino de todo, de nosotros mismos.

El primer paso en el proceso de reemplazar lo negativo por lo positivo en tu vida es tomar la decisión de empezar a buscar los mensajes negativos y las formas de cambiarlos por positivos. Tienes que tomar la decisión de que empezarás a ver el mundo de otra forma, de una forma positiva y optimista.

Para empezar, tienes que reducir drásticamente la cantidad de noticias que lees, escuchas o miras en televisión. La mayoría de la gente comienza su día con las noticias. Y, por supuesto, la mayoría de las noticias son malas noticias, incendios, inundaciones, asaltos, robos, muertes, etc. Luego está el tráfico y el clima, que también enfatiza lo negativo. Así que, para cuando terminas tu café, ya has tenido suficientes malas noticias para toda la semana.

Todas estas malas noticias no te hacen querer abrir la puerta y saludar a todos con los nuevos días, sino todo lo contrario.
¿Y qué hay de la forma en que terminamos el día? Muchos de nosotros vemos las noticias antes de ir a la cama y recibimos una gran dosis de información negativa justo antes de intentar dormir. ¿Es de extrañar que tanta gente tenga problemas para dormir? Lo dudo mucho.

El estado de ánimo que tenemos antes de ir a dormir se prolonga hasta la mañana siguiente, así que sin saberlo te estás preparando para empezar el día siguiente de mal humor. Lo más probable es que no necesites toda esa información negativa que recibes de las noticias, confía en mí cuando te digo que puedes prescindir de ella, por lo menos durante momentos claves del día.

Una vez elimines esta fuente de negatividad, hay que reemplazarla con algo que realmente te nutra. Reemplaza las noticias que estabas recibiendo con cosas como videos de motivación, música animada y podcasts de desarrollo humano que enfaticen las buenas noticias. También la lectura de libros de empoderamiento, como este que estás leyendo, son de gran ayuda. Los libros pueden ser una forma fantástica de recargar tu vida. Busca historias de éxito, biografías de personas exitosas, etc. y ve qué es lo que funciona para ti. Empezarás a sentirte mejor enseguida.

Tu próximo paso es limitar la cantidad de televisión que ves. Un estudio reciente mostró que el 78% de las personas que ven televisión, no están interesadas en el programa que están viendo en un momento dado. ¿Cuántas veces no te has encontrado a ti mismo navegando en tu celular mientras veías la televisión?

Probablemente mirar la televisión te aburre, y además te aleja de otras actividades que podrían ser más divertidas o más enriquecedoras. El horario estelar es el período en el que la mayoría de la gente ve la televisión, puedes darle un giro y convertirlo en tu horario estelar apagando la televisión y usando ese tiempo para avanzar en tu vida.

A continuación, debes limitar tu exposición a las personas negativas. Si, este punto es clave.

La mayoría de la gente no se da cuenta de lo agotador que es estar rodeado de personas negativas, estas personas no solo son una mala influencia para ti, sino que drenan tu energía y tu espíritu de muchas maneras. Las personas negativas te desaniman, así que trabaja para eliminarlas de tu vida en la medida de lo posible. Nunca te involucres en la cuota de lamentación de la oficina, o en las sesiones de quejas que se te presenten. Busca personas que te apoyen y con las que te sientas bien estando cerca.

Por último, pero no menos importante, la fuente más dañina

de negatividad en muchas ocasiones somos nosotros mismos. La mayoría de nosotros generamos mucha conversación negativa que nuestras mentes aceptan como la verdad y permanece ahí por años sin fecha de expiración alguna.

Nos centramos en nuestros defectos, nuestros problemas, y pasamos nuestro tiempo prediciendo más malas noticias para nosotros mismos, generando mucho miedo y preocupación, mientras saboteamos nuestra capacidad de probar cosas nuevas.

Empieza a centrarte en los aspectos positivos de ti. ¿Cuáles son sus fortalezas únicas, que has logrado, cómo eres diferente y mejor que otras personas? Utiliza la visualización y las afirmaciones para construir imágenes de ti mismo logrando las cosas que quieres y úsalas para reemplazar las imágenes negativas.

Date mucho crédito por todo lo que haces bien, para que recibas noticias aún más positivas sobre ti mismo. Además, reserva tres minutos cada día para pensar en todas las cosas buenas que tienes en tu vida ahora mismo. El proceso de pensar en las cosas positivas de tu vida, generará buenos sentimientos hacia ti que durarán gran parte del día.

No te olvides de cuidar tu cuerpo. Come sano, deja algunos malos hábitos y haz ejercicio regularmente para aumentar tu autoestima y desarrollar tu fuerza y resistencia, para que puedas lograr más.

Ayudar a los demás también te ayudará a sentirte mejor contigo mismo. Tómate el tiempo necesario para participar en una organización benéfica, un refugio de animales u otras actividades que ayuden a los demás. Recibirás una buena retroalimentación de los demás y desarrollarás un sentido genuino de que eres una buena persona. Lo que das a otros vuelve a ti multiplicado, así que asegúrate de que sea bueno lo que envías.

Reemplazando lo negativo de tu vida por lo positivo, harás de ti y de tu mundo, un lugar mejor. Te sentirás mejor emocional, mental y físicamente, y lograrás muchas más de las cosas que querías. Nada se logra sin acción, así que empieza ahora a mover tu vida hacia adelante.

10.6 Hábitos positivos y sencillos con los que puedes comenzar

Una de las claves del éxito es dejar de poner excusas. Aprende a decir la verdad y ser honesto contigo mismo. Una vez que aprendas a decir la verdad, tendrás que comprometerte a aprender nuevos comportamientos y hábitos.

Para empezar, puedes comprometerte eligiendo un nuevo hábito. Por ejemplo, hoy pienso beber más agua. Algunos de nosotros detestamos el agua, pero el agua es nuestra forma de vivir más saludablemente. Incluso si empiezas a beber un vaso durante los primeros días, estás haciendo cambios.

Hoy voy a dejar de juzgar a los demás y a mí mismo. Este es un error común que la gente comete en el mundo. Pasan el tiempo juzgando a los demás y a sí mismos. Esto no los lleva a ningún sitio excepto a un mundo de caos.

Hacer tu cama diariamente, podría parecer una actividad irrelevante, pero esto te ayudará a iniciar tus mañanas con disciplina y orden, lo cual siempre es beneficioso.

Empieza el día con la actitud correcta, lleno de energía y con ideas frescas. Cuando tu día empieza bien, puedes usar tu tiempo de forma más productiva. Todos tenemos las mismas veinticuatro horas en nuestro día, pero la forma en que estructuramos nuestras actividades para el día puede hacer una gran diferencia.

¿Piensas en negativo? "No puedo cambiar esto. Mi vida está llena de problemas, y no hay nada que pueda hacer". O el popular "¿Por qué a mí? Si te pasas la vida pensando en negativo y siendo pesimista, intenta cambiar tu forma de actuar hoy.

Por ejemplo, digamos que puedo cambiar algo y lo haré. En lugar de decir que la vida está llena de problemas, acéptalo como una verdad y sigue adelante para mejorar tu vida. El "por qué a mí" es una pregunta común y nadie conoce su respuesta, pero tenemos que aceptarlo, tomar mejores decisiones y seguir adelante.

Si te sientes perseguido, pregúntate qué es lo que haces que te hace sentir así. ¿Tienes amigos o familiares que te agobien? Si es así, entonces tomar un espacio de ellos sería buena idea y ¿Por qué no? Intenta hacer nuevos amigos. Nadie en la vida vale lo suficiente la pena como para hacerte sufrir. Tienes el poder de hacer cambios, pero no tienes el poder de cambiar a otras personas.

Cuando empieces a hacer cambios para mejorar tu vida, empieza de a poco. En vez de precipitarte, da pasos de bebé hacia el éxito. Demasiadas veces la gente intenta cambiar de la noche a la mañana. Esto solo conduce a la frustración.

Cuando trabajes en cambiar tu vida y tus hábitos, asegúrate de buscar apoyo y retroalimentación. No tienes que recorrer el camino del éxito solo. Si te sientes agobiado, pídele a alguien de confianza que te apoye y que te brinde su opinión cuando sea necesario.

10.7 El éxito es tuyo si nunca te rindes

¿Cómo puedes mantenerte motivado y positivo? Intenta estos consejos adicionales para que no desistas en tu camino hacia el éxito.

- Alcanzar tus sueños. Evita la gente, las cosas y los lugares negativos porque solo te arrastrarán al fondo. Eleanor Roosevelt dijo una vez: "El futuro pertenece a aquellos que creen en la belleza de sus sueños".

- Cree en tu propio ser, y en lo que puedes conseguir. Cree en tus posibilidades y en tus sueños. Cada avance de la humanidad ha tenido lugar porque alguien creyó en sí mismo.

- Considera todos los ángulos y aspectos de todo lo que encuentres, ya sean personas o situaciones. La motivación viene de la fuerza de los propósitos. Ser capaz de ver ambos puntos de vista te dará más posibilidades de tener éxito y de mantener motivados a los que te rodean también.

- No te rindas y no te des por vencido. Cada persona exitosa, desde J K Rowling a Walt Disney, Sylvester Stallone y Thomas Edison, tuvo múltiples fracasos antes de tener éxito. A veces los fracasos o rechazos son necesarios antes de alcanzar el éxito.

- Disfruta. Trabaja como si no necesitaras dinero. Baila como si nadie te viera. Ama como si nunca hubieras llorado. Aprende como si vivieras para siempre. La motivación tiene lugar cuando la gente es feliz.

- Usa a tu familia y amigos para mantenerte motivado.

Los grandes equipos de fútbol tienen porristas y
fanáticos que los animan. Tu familia y amigos pueden
ser tus porristas y fanáticos. Utilízalos para que te
ayuden a seguir adelante cuando sientas que tu
motivación va a la deriva.

- Dale ese pequeño extra. La mejora personal ocurre en
 todas partes todo el tiempo, ya sea en casa, en el trabajo
 o en la escuela. Anthony Robbins nos dice que la
 diferencia de esfuerzo entre bueno y sobresaliente es
 mínima, pero la diferencia de la recompensa es enorme.
 Dar ese pequeño extra puede ponerte en el lado de lo
 sobresaliente.

- Aférrate a tus sueños. Puede haber momentos en los
 que parezca sombrío, pero apégate a tus sueños. La
 noche es más oscura justo antes del amanecer. Es en
 este momento cuando estás más cerca del éxito y el 95%
 de la gente se rendirá. Si logras dar ese último paso
 seguramente lograrás tus sueños.

- Ignora a aquellos que intentan derribarte. No te
 involucres en sus dramas o en su toxicidad, solo aléjate.
 Rodéate de gente que te anime y te apoye. Elimina a
 aquellos que quieren que caigas y que te vean fracasar
 en tu vida. Te será mucho más fácil mantenerte
 motivado.

- Alegría y gratitud. Tal vez dos de los fundamentos para
 la motivación y el éxito es estar alegre en lo que haces y
 agradecido por lo que tienes.

- Continúa con el impulso hacia adelante, sin importar lo
 difícil que parezca la vida. En los momentos más
 difíciles puedes elegir entre seguir adelante o huir. Es

tu decisión un camino te acerca al éxito, el otro te aleja
de él. ¿Cuál quieres seguir?

- Aprende a amarte a ti mismo. Esto no es tan fácil como
  suena para la mayoría de la gente, pero al amarte a ti
  mismo serás más feliz y estarás más motivado porque
  creerás que mereces lo que logras.

- Haz que las cosas sucedan. La motivación y el éxito no
  vienen de sentarse frente al televisor bebiendo *coca-cola*
  y comiendo pizza. Toma acción y lograrás tus sueños.

- Nunca mientas, engañes o robes. Siempre juega un
  juego limpio. Al final del día, si vives una vida
  deshonesta, se te devolverá. Vivir una vida honesta y
  justa te permite estar orgulloso de lo que haces.

- Abre bien los ojos. Todo el mundo tiene un par de gafas
  invisibles que usan y ven todo a través de ellas, es
  decir, cómo les gustaría que fueran las cosas. Mira la
  vida con los ojos abiertos y ve las cosas como son, y
  míralas como quieres que sean. Entonces toma medidas
  para que esto suceda.

- La práctica hace la perfección. Cuanto más practiques,
  mejor serás. Un deportista de alto nivel no alcanza su
  estatus a través de una sola práctica o juego. Practican
  más duro y por más tiempo que cualquier otro, y como
  tal, son recompensados más que nadie.

- Los que renuncian nunca ganan. Y los ganadores nunca
  se rinden. Entonces, ¿cuál quieres ser?

- Prepárate. Siempre está listo para aprovechar las
  oportunidades y situaciones que se te presenten.

Prepárate de antemano, e ignora la voz que te dice que
lo dejes para mañana. Recuerda, no estaba lloviendo
cuando Noé construyó el arca.

- Deja de postergar. Puedes dejarlo todo para mañana,
pero un día no habrá más mañanas. Deja de postergar
las cosas y haz los trabajos de mañana hoy.

- Toma el control de tu vida. La disciplina y el
autocontrol son sinónimos de motivación. Mucha gente
cree que sus vidas están fuera de su control. Mira tu
vida en detalle y descubrirás que tienes más áreas bajo
tu control de lo que crees.

- Comprende a los demás. Si sabes muy bien cómo
hablar, también deberías aprender a escuchar. Tienes
dos oídos y una boca por una razón. Comprende a los
demás y trata de que te entiendan.

- Visualízalo. Tu subconsciente no conoce la diferencia
entre tu imaginación y la realidad, así que, si ensayas el
éxito en tu mente, entonces tu subconsciente creerá en
él y lo hará realidad.

- Deséalo más que nada. Toda persona exitosa ha tenido
un deseo ardiente de alcanzar sus metas. Los hermanos
Wright no inventaron el avión porque no había nada en
la televisión. Tenían un enorme deseo de triunfar y
siguieron adelante, incluso ante los contratiempos.

- El Factor X es lo que te hará diferente de los demás.
Cuando estás motivado, tiendes a poner extras en tu
vida como tiempo extra para la familia, ayuda extra en
el trabajo, cuidado extra para los amigos. Este Factor X
te aparta de la multitud y te marca para el éxito.

- Y recuerda que eres único. Nadie en este mundo se ve, actúa, piensa o habla como tú. Valora tus dones únicos, sean cuales sean, y utilízalos para tu éxito.

¡¡Céntrate en tus sueños y hazlos realidad!!

www.ingramcontent.com/pod-product-compliance
Lightning Source LLC
Chambersburg PA
CBHW072030230526
45466CB00020B/1288